APRENDE INGLÉS

FLUIDO

MUY RÁPIDO

Efrain Galeano

Créditos

INDICE

Contenido

TODAS LAS FRASES MÁS USADAS EN ESTADOS UNIDOS DEL DÍA A DÍA

104

PRÓLOGO
Prologue
(pro·lag)

¿Quieres hablar fluido y entender inglés de una vez por todas? Pues has encontrado la guía definitiva en inglés para entenderlo y hablarlo naturalmente. Contiene una guía práctica de todo lo que necesitas saber para poder comprender y hablar este hermoso idioma y lo mejor: de una manera sencilla y en menos de 5 meses. Este libro es recomendado para cualquier nivel ya sean principiantes o avanzados; ya que contiene la guía definitiva de este lenguaje. Ya que está comprobado que es el mejor método que existe hoy por hoy.

Todo viene explicado de una manera sencilla y didáctica que te será fácilmente asimilable. En esta guía aprenderás desde lo básico hasta lo avanzado. También incluye las frases en inglés más importantes que realmente los nativos utilizan. No encontrarás otra recopilación en ninguna parte más completa de frases reales que utilizamos los nativos (1era parte).

INTRODUCCIÓN

Introduction

(in·tro·dak·shen)

Desde que tengo uso de razón siempre suelo escuchar esta típica pregunta ya sea de mis alumnos o de personas en general; ¿Por qué aprender inglés? Y la respuesta es más que obvia. El idioma inglés se ha convertido en el lenguaje más hablado en el planeta y no hay ninguno; hoy por hoy que le iguale. Por lo tanto, en el mundo globalizado en el que vivimos el que no aprende inglés está a un nivel abajo en oportunidades laborales.

Los dos dialectos más conocidos vigentes del inglés hoy por hoy son; el británico y el americano. Siendo enseñados en la mayoría de las universidades del planeta y por diferentes escuelas por muchas razones. Los motivos por el cual aprender este importante idioma suelen ser variados y aquí te enlisto algunos de ellos:

- Trabajar: En la época en la que nos encontramos si logramos dominar este idioma tendremos muchísimas más oportunidades al momento de encontrar trabajo. Así como tener paso a una mejor educación y por ende a un mejor puesto laboral.

- Información: Poder acceder a información científica o noticias al momento alrededor del mundo y no limitarnos a lo que nos digan las universidades o medios de comunicación. De acuerdo a un estudio de la agencia Binger agency el 60% de todos los sitios de internet están en el idioma inglés.

- Viajar: Te brinda la posibilidad de poder viajar e irte de vacaciones a cualquier rincón del planeta, conocer culturas muy diferentes y hacerte entender, evitando los momentos bochornosos que conlleva la barrera del idioma.

- Una meta personal de superación: Dominarlo no es tan difícil como la mayoría cree, si sigues la guía correcta lo podrás lograr y una vez que lo hayas hecho el sentimiento de logro es algo increíble. No olvides que todo proceso lleva un primer paso. Una vez que hayas realizado esto con el inglés pasa lo mismo como en todas las cosas que se hacen bien: lo demás viene rápido.

Sin más que decir, te dejo con la guía definitiva para aprender de una vez por todas el inglés de una manera sencilla y a tu ritmo.

COMPROMISO

Para seguir adelante, necesito que te comprometas a aprender este hermoso idioma cada día, cueste lo que cueste, firma esta hoja y crea el compromiso a partir de ahora y sigue adelante aprendiendo a traves de este libro que será el complemento perfecto para tu aprendizaje.

Yo_____me comprometo a aprender inglés cada día mediante este libro que me sirve como complemento para un curso o estudiar en alguna escuela, o bien sea estudiar en casa. No importa las dificultades que tenga que pasar, pero debo de aprender para seguir preparadome profesionalmente.

LOS MEJORES CONSEJOS PARA APRENDER INGLÉS QUE DEBES SABER ANTES DE INICIAR

The Best Tips To Learn English You Should Know Before You Start

(di best tips tu lern ing·lesh yu shud no bi·for yu start)

No olvides complementar con este libro y en menos de cinco meses podrás hablar inglés.

- Tiempo de calidad: Evita estudiar como loco, ya que estudios en lingüística recientes han demostrado que 1 hora de calidad al día son más efectivos que 8 horas solo por el simple hecho de estudiar, pero llenos de estrés. Hazlo diariamente pero disfrutándolo, para que tu cerebro se adapte creando una red neuronal y haciendo óptimo y efectivo su aprendizaje en el menor tiempo posible.

- Ve películas y escucha canciones cuando te levantes y antes de irte a dormir: Uno de los aspectos más importantes para tu listening es ver tus películas favoritas y canciones en inglés. Primero hazlo con subtítulos para luego pasar a escucharlos únicamente en inglés. Recuerda, no vas a estar estudiando todo el día pero si vas estar inmerso en el idioma al escuchar canciones y ver películas, es de esta manera natural como la mayoría de las personas han aprendido y cómo aprendimos los nativos. Las herramientas más importantes que creo yo sirven para lograrlo a personas no nativas son gratuitas y están en el internet y una de ellas:

- Cake English: prácticamente esta App viene automatizada teniendo todos los videos de YouTube con subtítulos personalizados y especialmente hechos para ti con conversaciones reales y lleno de diferente herramientas para hacerla cómoda, no encontrarás otra App para el listening mejor.

- English Listening Player: Una de las mejores App que hay que tener en cuenta en esta nueva meta que cuenta con más de 3 mil conversaciones reales, ideal para acompañar con esta guía definitiva para aprender inglés.

- YouTube: Ve y escucha cualquier película y canción directamente y trata de repetir todo lo que escuches.

- Aprende frases reales: Evita aprender palabras sueltas ya que en su mayoría nadie habla mediante palabras cortas; es más importante aprender frases hechas ya que de esta manera natural es la forma como aprendimos cuando niños de una manera que no lo notamos.

- Trata de pensar en inglés y habla: Si te decides aprender este hermoso idioma trata de pensar en inglés, es decir en todo momento cualquier acción o cosa que desees decirla en tu idioma nativo trátalo de pensarlo en inglés y hablarlo. Si no tienes alguien con quien conversar habla al menos contigo mismo, pero te recomiendo que busques a como dé lugar alguien nativo para que pruebes tu speaking (habla) en la vida real.

- Haz listas de frases y palabras que sean difíciles para ti de memorizar sin olvidar repetirlas en todo momento. Puedes apoyarte con los traductores o buscando videos en la web.

- No dejes pasar ningún día sin estudiar o escuchar algo en inglés. Y obviamente no olvides repasar lecciones anteriores.

Mencionado estos consejos que si sigues al pie de la letra mejorarás increíblemente en todos los aspectos del inglés sea; Reading (lectura) Speaking (habla) Listening (escucha) o Writing (escritura). Ahora que tienes estas claves te dejo con el curso más completo que existe para aprender inglés de una manera rápida y sencilla. Ya que contiene las claves para dominar de principio a fin.

DESCRIPCIÓN DEL CURSO PARA APRENDER INGLÉS FLUIDO

Course Description To Learn Fluent English

(kors di·skrip·shen tu lern flu·ent ing·lesh)

Con esta guía definitiva; podrás dominar de una vez por todas y de una manera sencilla y a tu medida este complejo idioma en menos de 5 meses siempre y cuando seas constante con miras a un objetivo de aprenderlo y ser mejor. El curso te brindará las habilidades necesarias de hablarlo, escucharlo, escribirlo y leerlo de la misma manera como cualquier nativo lo haría (no olvides que la guía es un método de ayuda y guía pero no olvides investigar a profundidad cada tema en ejemplos en el internet o con alguien conocedor).

Es recomendable nunca saltarse ninguna lección o pasar un día sin estudiarlo ya que son tus bases para mejorar cualquier aspecto del inglés.

Es necesario que de verdad disfrutes y te intereses por

este idioma y no solo lo estudies porque es un requerimiento en tu trabajo o escuela, debes de disfrutar para poder aprenderlo. Algo muy importante que tienes que hacer es tener disciplina y motivación y eso se logra cuando una vez que estudies cada día el curso tienes que relajarte viendo algo en inglés aunque en principio no entiendas; debe ser algo que te apasione sea música o películas.

SUGERENCIAS

Suggestions

(su·gest·shens)

- Siempre practique la pronunciación correcta en voz alta de cada palabra al momento que la escriba, nunca la pronuncie en español sino creara malos hábitos y le consta el speaking (hablar).

- No dé cabida al desánimo cuando a primeras instancias le resulte difícil es parte de… pero créame, una vez superado ese obstáculo avanzará increíblemente. Dígase cada mañana: "repetiré cada palabra o frase hasta que la memorice así sea 500 veces", es vital ser optimista. Nunca olvide que la práctica hace al maestro.

- Nunca pasar un día sin practicar los 4 aspectos necesarios para aprender inglés: hablar (speaking), comprensión auditiva (listening), escritura (writing) y lectura (reading).

- Estudie en un lugar relajado sin distracciones esto hará más placentero el tiempo de estudio.

- Cualquier cosa que no sepa, investigue ya sea por internet o mediante alguien que lo domine.

- Lea noticias (news) libros y toda clase de artículos en inglés ya que es algo fundamental para mejorar su escritura sin olvidar pronunciarlas para mejorar su hablar. Sin tampoco descuidar el escuchar todo el día videos en ese idioma para adaptar y transformar poco a poco su cerebro hasta llegar al momento donde ha alcanzado su objetivo de aprender este hermoso idioma.

EXPLICACIÓN DE LA PRONUNCIACIÓN

Explanation of the Pronunciation

(eks·pla·nei·shen of di pro·nan·si·ei·shen)

La pronunciación que leerá en esta guía es precisa por lo tanto debe de intentar hacerla ayudado por alguien que sabe o con el traductor.

En algunos casos usted verá ejemplos de pronunciación y su significado:

Ejemplo:

world *(werld)* **palabra**	Pronuncie bien la wer-ld sin decir olvidar decir la "d"

think *(dink)* **pensar**	thick *(dick)* **grueso**	"th" suena como la "z" española como di pero colocando nuestra lengua en medio de nuestros dientes

Por lo tanto te insto a que pronuncies lo más perfectamente que te sea posible lo que escuches en inglés ya que de esta manera lograras un inglés armonioso de la misma manera que un niño nativo lo hace. Todo es cuestión de repetición y memoria auditiva. No olvides unir varias metodologías en este ámbito: si no cuentas con alguien cercano hay bastantes herramientas como traductores o apps de pronunciación que te ayudarán mucho, escuchar música y películas en inglés y tu celular para que te escuches cuando te grabes hablando en inglés y veas donde debes mejora tu pronunciación.

Vocabulario Básico

Basic Vocabulary

(bei·sik vo·kab·yu·ler·i)

En esta guía siempre se mostrará la palabra, luego su pronunciación fonética lo más precisa posible y por último su significado en nuestro idioma.

Ejemplo:

INGLÉS PALABRA	FONÉTICA PRONUNCIACIÓN	ESPAÑOL SIGNIFICADO
you	*yu*	**tú/ustedes**

INGLÉS	PRONUNCIACIÓN	ESPAÑOL
study	*stu·di*	**studio**
book	*buk*	**libro**
communication	*ke·myoon·i·kei·shen*	**comunicación**
pencil	*pen·cil*	**lápiz**
boy	*boi*	**niño/chico**
notebook	*not·buk*	**cuaderno**
eraser	*i·wrei·ser*	**goma de borrar**

INGLÉS	PRONUNCIACIÓN	ESPAÑOL
time	*taim*	**tiempo**
watch	*guatch*	**reloj**
party	*par·ti*	**fiesta**
hair	*jeer*	**pelo/cabello**
friend	*frend*	**amigo**
girl	*gerl*	**chica/muchacha**
house	*jaus*	**casa**
car	*caar*	**carro**
cat	*kat*	**gato**
lesson	*les·son*	**lección**
woman	*gu·man*	**mujer**
day	*dei*	**día**
work	*guork*	**trabajo**
minute	*min·et*	**minuto**
window	*guin·dou*	**ventana**
shoe	*schuu*	**zapato**
face	*feis*	**cara/rostro**
door	*door*	**puerta**
cloud	*kloud*	**nube**
eat	*iit*	**comer**
apple	*ap·pel*	**manzana**
bed	*bed*	**cama**

INGLÉS	PRONUNCIACIÓN	ESPAÑOL
body	*ba·di*	**cuerpo**
dog	*dog*	**perro**
sky	*skai*	**cielo**
wind	*wind*	**viento**
school	*skuul*	**escuela**
road	*roud*	**carretera**
town	*taun*	**pueblo**
rain	*rein*	**lluvia**
sugar	*shoo·ger*	**azúcar**
table	*tei·bol*	**mesa**
key	*kii*	**llave**
name	*neim*	**nombre**
music	*miu·sic*	**música**
movie	*mu·vi*	**película**
mouth	*maud*	**boca**
hour	*ou·er*	**hora**
age	*eich*	**edad**
bird	*berd*	**Pájaro**
city	*si·ti*	**ciudad**
river	*ri·ver*	**río**
night	*nait*	**noche**

TODO LO QUE TIENES QUE SABER DE LOS VERBOS PRESENTES Y LOS VERBOS MÁS USADOS EN INGLÉS

Everything You Need To Know About the Present Verbs and the Most Used Verbs in English

(ev·ri·ding yu niid tu no a·baut di pre·sent verbs end di most used verbs in ing·lesh)

Los verbos son palabras que expresan una acción. Es decir; to walk (correr) to sing (cantar). Aquí te dejo la lista con los 25 verbos que tienes que aprender porque son los más usados en el día a día en Estados Unidos.

Obviamente esta es la base, depende de ti investigar muchas frases en las cuales se emplean todos estos verbos. Si aprendes a usar estos verbos podrás fácilmente hablarlo en un corto tiempo.

- ask/*ask*/**preguntar**

  Can you ask me? /*Can yu ask mi*/**¿Puedes preguntarme?**

- call/*kal*/**llamar**

  Call me./*cal mi*/**Llámame.**

  Can you call him?/*can yu cal him*/ **¿Puedes llamarlo a él?**

- think/*dink*/**pensar**

  What do you think?/*wat du yu tink*/**¿Qué piensas?**

- tell/*tel*/**decir**

  I tell you something./*ai tel yu sam·ting*/**Te digo algo.**

- see/*si*/**ver**

  I see you/*ai sii yu*/**Te veo.**

  Do you see me?/*du yu sii mi*/**¿Me ves?**

- say/*sei*/**decir**

  Say something./*sei sam·ting*/**Di algo.**

  I cannot say anything./*ai can·not sei an·i·ting*/**No puedo decir nada.**

- try/*trai*/**intentar**

  I am trying to eat this./*ai am trai·ing tu iit this*/**Estoy intentando comer esto.**

  Do not try that./*du naut trai that*/**No intentes eso.**

- want/*want*/**querer**

  I want to eat pizza./*ai want tu iit piz·za*/**Quiero comer pizza**.

  I do not want to eat soup./*ai du naut want tu iit suup*/**No quiero comer sopa.**

- seem/*sim*/**parecer**

  That car does not seem new./*that car does naut siim new*/**Ese carro no parece nuevo**.

  It seems to be true./*it siims tu bi tru*/**Parece ser verdad.**

- to be/tu *bi*/**ser**

  You can be anything in life./*yu can bi an·i·ting en lief*/**Tu puedes hacer algo en la vida.**

- do/*du*/**hacer**

  I can do it./*ai can du it*/**Puedo hacerlo.**

- take/*teik*/**tomar**

  I take risks./*ai teik risks*/**Yo tomo riesgos.**

- use/*yus*/**usar**

  I use scissors to cut./*ai yus sis·ors tu kat*/**Yo uso las tijeras para cortar.**

- work/*werk*/**trabajar**

  I work at home./*ai werk at hom*/**Yo trabajo en casa.**

- come/*kom*/**venir**

  Come here./*cam hiir*/**Ven aquí**.

- know/*no*/**saber**

  I do not know./*ai du naut nou*/**No lo sé**.

- make/*meik*/**hacer**

  I want to make dinner./*ai want tu meik din·ner*/**Quiero hacer la**

cena.

- have/*haf*/**tener**

  I have to go./*ai haf tu gou*/**Me tengo que ir.**

- leave/*lif*/**dejar, salir de irse**

  Leave me now./*lif mi nao*/**Déjame solo.**

- get/*get*/**conseguir, obtener**

Este verbo tiene muchísimos significados, poco a poco conocerás sus significados conforme avances.

  I can get food./*ai kan get fuud*/**Puedo conseguir comida.**

- feel/*fil*/**sentir**

  I feel good./*ai fiil guud*/**Me siento bien**.

- go/*go*/**ir**

  I do not want to go./*ai du naut want tu gou*/**No quiero ir.**

- give/*gif*/**dar**

  Give me the salt./*gif mi di salt*/**Dame la sal.**

- find/*faind*/**encontrar algo**

  Find my car./*faind mai kar*/**Encuentra mi carro.**

- look/*luuk*/**mirar**

  I look at you from here./*ai luuk at yu fram hiir*/**Te Miro desde aquí.**

PRONOMBRES PERSONALES

Personal Pronouns
(per·san·al pro·nauns)

Los pronombres personales son sencillamente quienes realizan la acción dentro de la oración. Y son:

INGLÉS	PRONUNCIACIÓN	ESPAÑOL
I	*ai*	**yo**
you	*yu*	**tú/ustedes**
she	*shi*	**ella**
he	*ji*	**él**
it	*it*	**eso cosa**
we	*wi*	**nosotros/as**
they	*dei*	**ellos/as**

Oraciones con estos pronombres que siempre se escriben de la misma forma.

INGLÉS	PRONUNCIACIÓN	ESPAÑOL
I use my notebook.	*ai yus mai not·buuk*	**Yo uso mi libreta.**
You know how to speak English.	*yu no jao tu spik in·glesh*	**Tú sabes hablar inglés.**
We get food.	*wi get fuud*	**Nosotros conseguimos comida.**
They have money.	*dei jav mon·i*	**Ellos tienen dinero.**

Pronombres personales que siempre se pluralizan es decir se les agrega la "s" a todos los verbos con los que se conjugan y en el verbo "to have" en vez de "have" es "has." Nunca olvides que son: he, she e it.

INGLÉS	PRONUNCIACIÓN	ESPAÑOL
She works.	*shi wurks*	**Ella trabaja.**
He has a car.	*ji jas a kar*	**Él tiene un carro.**
It walks.	*it walks*	**Eso campina.**

TODO EL VERBO "TO BE" (ESTAR) SIMPLIFICADO

The Whole Verb "To Be" Simplified

(di jol verb tu bi semp·li·faid)

Recuerda, el verbo "to be" simplemente significa ser o estar y cambia en su estructura cuando se conjuga en los diferentes tiempos pero su significado es el mismo. La forma del verbo "to be" en presente es "am," y "are." En el pasado, es "was" y "were." Y en el futuro "will."

INGLÉS	PRONUNCIACIÓN	ESPAÑOL
I am.	*ai am*	**Yo estoy.**
You are.	*yu ar*	**Tú estás.**
She is.	*shi is*	**Ella está.**
He is.	*ji is*	**Él está.**
It is.	*it is*	**Eso está.**
We are.	*wi ar*	**Nosotros estamos.**
They are.	*dei ar*	**Ellos/as están.**

Negar con el verbo to be formal e informalmente.

Negación formal primera y negación informal segunda con significados iguales: Estar y ser.

FORMAL INGLÉS PRONUNCIACIÓN	INFORMAL INGLÉS PRONUNCIACIÓN	INFORMAL INGLÉS PRONUNCIACIÓN	ESPAÑOL
I am not. ai am nat	I'm not. aim nat		**Yo no estoy.**
You are not. yu ar nat	You're not. yur nat	You aren't. yu arnt	**Tú no estás.**
She is not. shi is nat	She's not. shis nat	She isn't. shi is·ent	**Ella no está.**
He is not. ji is nat	He's not. jis nat	He isn't. ji is·ent	**Él no está.**
It is not. it is nat	It is not. it is nat	It isn't. it is·ent	**Eso no está.**
We are not. wi ar nat	We're not. wir nat	We aren't. wi arnt	**Nosotros no estamos.**
They are not. dei ar nat	They're not. deir nat	They aren't. dei arnt	**Ellos/as no están.**

Como preguntar con el verbo "to be" simplificado negativa y afirmativa:

FORMAL INGLÉS PRONUNCIACIÓN	INFORMAL INGLÉS PRONUNCIACIÓN	ESPAÑOL
Am I not a doctor? *am ai nat a dok·tor*		**¿No soy un doctor?**
Are you not a doctor? *ar yu nat a dok·tor*	Aren't you a doctor? *ar·nt yu a dok·tor*	**¿No eres un doctor?**
Is she not a doctor? *is shi nat a dok·tor*	Isn't she a doctor? *is·nt shi a dok·tor*	**¿No es ella doctora?**
Is he not a doctor? *is hi nat a dok·tor*	Isn't he a doctor? *is·nt hi a dok·tor*	**¿No es el doctor?**
Is it not? *is it nat*	Isn't it? *is·nt it*	**¿No es eso?**
Are we not doctors? *ar wi nat dok·tors*	Aren't we doctors? *ar·nt wi dok·tors*	**¿No somos doctores?**
Are they not doctors? *ar dii nat dok·tors*	Aren't they doctors? *ar·nt dei dok·tors*	**¿No son ellos doctors?**

Sustantivos

Nouns

(nauns)

Un sustantivo no es más que un objeto o cosa dentro de una oración. Existen cientos, pero aquí te dejo los que más se usan en el día a día:

INGLÉS	PRONUNCIACIÓN	ESPAÑOL
age	*eich*	**edad**
animal	*an·i·mal*	**animal**
baby	*bei·bi*	**bebe**
ball	*bal*	**pelota**
bed	*bed*	**cama**
book	*buck*	**libro**
box	*baks*	**caja**
building	*bild·ing*	**edificio**
church	*cherch*	**iglesia**
city	*si·ti*	**ciudad**
cloud	*kloud*	**nube**
copy	*cop·i*	**copiar**
day	*dei*	**día**
dollar	*dol·lar*	**dólar**

INGLÉS	PRONUNCIACIÓN	ESPAÑOL
egg	*eig*	**huevo**
garden	*gar·den*	**jardín**
hand	*hand*	**mano**
home	*hom*	**casa**
hora	*ou·er*	**hora**
job	*jab*	**empleo**

Reglas de los sustantivos:

* Los objetos o cosas siempre se pluralizan agregándoles una "s":

cat/*kat*/**gato** = cats/*kat*/**gatos**

door/*dor*/**puerta** = doors/*dors*/**puertas**

* Referente a la pronunciación de un sustantivo, cuando el sonido de la palabra termine en "s", entonces en plural se pronuncia con *"es."*

lettuce/*letus*/**escritura** = lettuces/*letusses*/**escrituras**

ADJETIVOS EN INGLÉS

Adjectives in English

(ad·jekt·ifs in ing·lesh)

Un adjetivo nos describe o nos dice cómo es una cosa o persona físicamente indescriptiblemente. Aquí la lista de los más usados en inglés:

INGLÉS	PRONUNCIACIÓN	ESPAÑOL
happy	*hap·pi*	feliz
sad	*sad*	triste
beautiful	*biu·ti·fel*	hermoso
bad	*bad*	malo
sleepy	*slii·pi*	somnoliento
lovely	*lef·li*	encantador
ugly	*ug·li*	feo
sweet	*swiit*	dulce
bitter	*bit·ter*	amargo
red	*red*	rojo
yellow	*yel·lou*	amarillo
clean	*kliin*	limpio
hot	*hot*	caliente
rainy	*rein·i*	lluvioso

INGLÉS	PRONUNCIACIÓN	ESPAÑOL
boring	*bor·ing*	**aburrido**

Regla de los adjetivos:

* Nunca se pluralizan es decir nunca se les agrega una "s."

* Siempre van antes del sustantivo. Por ejemplo, "fat man" (hombre gordo) y nunca poner "man fat."

* Se usan para cosas, personas y lugares.

Ejemplos:

INGLÉS	PRONUNCIACIÓN	ESPAÑOL
red apple	*red a·pel*	**manzana roja**
I am tall.	*ai am tal*	**Soy alto.**
My car is red.	*mai kar is red*	**El carro es rojo.**
Today is rainy.	*tu·dei is rein·i*	**Hoy está lluvioso.**
The dog is slow.	*di dag is slo*	**El perro es lento.**

ADVERBIOS EN INGLÉS

Adverbs in English

(ad·verbs in ing·lesh)

Los adverbios son las palabras que nos describen la forma en que se lleva la acción dentro de una oración. Aquí están los adverbios más usados en inglés:

INGLÉS	PRONUNCIACIÓN	ESPAÑOL
almost	*al·most*	**casi**
clearly	*klier·li*	**claramente**
anyway	*en·e·wei*	**de todos modos**
again	*a·gin*	**otra vez**
easily	*iz·a·li*	**fácilmente**
forever	*for·ev·er*	**por**
finally	*fain·a·li*	**finalmente**
just	*jest*	**solo**
probably	*prab·eb·li*	**probablemente**
now	*nao*	**ahora**
slowly	*slou·li*	**despacio**
only	*on·li*	**solamente**
soon	*soon*	**pronto**
too	*tu*	**también**

INGLÉS	PRONUNCIACIÓN	ESPAÑOL
really	*riil·i*	**de verdad/realmente**

Se pueden combinar en cualquier oración.

Ejemplos:

INGLÉS	PRONUNCIACIÓN	ESPAÑOL
It will rain soon.	*it wil rein soon*	**Pronto lloverá.**
I can do it easily.	*ai kan du it is·a·li*	**Puedo hacerlo fácilmente.**
He walks slowly.	*ji walks slou·li*	**El camina despacio.**
Finally, I arrived.	*fain·a·li ai a·raifd*	**Finalmente, llegue.**

PREPOSICIONES EN INGLÉS

Prepositions In English

(prep·o·si·shens in ing·lesh)

Las preposiciones son palabras que indican procedencia, posición, destino y dirección. Aquí te dejo la lista más usada en inglés:

INGLÉS	PRONUNCIACIÓN	ESPAÑOL
about	*a·baut*	sobre/acerca de
across	*a·cross*	a través de
after	*af·der*	antes
without	*wid·aut*	sin
with	*wit*	con
up	*ap*	arriba
down	*daun*	abajo
over	*ou·ber*	sobre
to	*tuu*	hacia
through	*tru*	atreves de algo
untill	*un·til*	hasta
than	*dan*	que
since	*sins*	desde
outside	*out·said*	fuera
at	*at*	en
before	*bi·for*	antes
for	*for*	para
near	*niir*	cerca
next	*nekst*	siguiente

INGLÉS	PRONUNCIACIÓN	ESPAÑOL
but	*bot*	**pero**

Ejemplos cómo deben utilizarse:

INGLÉS	PRONUNCIACIÓN	ESPAÑOL
The helicopter is over the river.	*di jel·i·kop·ter is o·ver di ri·ver*	**El helicóptero está sobre el río.**
I work at home.*	*ai werk at jom*	**Trabajo en mi casa.**
* "at" se usa cuando es en un lugar específico, ex., casa, restaurante o universidad.		
I work until 5.	*ai werk an·til faif*	**Trabajo hasta las 5.**

ARTÍCULOS EN INGLÉS

Articles in English

(ar·ti·kuls in ing·lesh)

Un artículo en inglés define a un nombre y siempre van delante del mismo.

INGLÉS	PRONUNCIACIÓN	ESPAÑOL	EJEMPLO

INGLÉS	PRONUNCIACIÓN	ESPAÑOL	EJEMPLO
the	di	el/la/los/las	the car / the boy
a*	ei		a ball
an	an		an university

* "a/an" ambas significan un o una. Se coloca antes porque la siguiente inicia con vocal.

Ejemplos del uso:

INGLÉS	PRONUNCIACIÓN	ESPAÑOL
A house.	*a jaus*	**Una casa.**
An apple.	*an ap·pel*	**Una manzana.**
The city.	*di si·ti*	**La ciudad.**
An honest man.	*an jon·est man*	**Un hombre honesto.**

VERBOS IRREGULARES Y REGULARES MÁS USADOS EN PRESENTE

Irregular and Regular Verbs Most Used in the Present

(i·reg·yu·lar end reg·yu·lar verbs most yusd in di pre·sent)

INGLÉS	PRONUNCIACIÓN	ESPAÑOL

INGLÉS	PRONUNCIACIÓN	ESPAÑOL
answer	*an·ser*	**responder**
ask	*asq*	**preguntar**
be	*bi*	**ser, estar**
believe	*bi·lif*	**creer**
change	*cheinch*	**cambiar**
catch	*catch*	**atrapar**
climb	*claim*	**escalar**
come	*com*	**venir**
cut	*cut*	**cortar**
die	*dai*	**morir**
do	*duu*	**hacer**
drink	*drink*	**beber**
eat	*iit*	**comer**
fall	*faol*	**caer**
feel	*fiil*	**sentir**
go	*go*	**ir**
grow	*grou*	**crecer**
have	*jaf*	**tener**
hurt	*jurt*	**herir**
imagine	*i·ma·yin*	**imaginar**
keep	*kiip*	**guarder**
lend	*lend*	**prestar**

INGLÉS	PRONUNCIACIÓN	ESPAÑOL
lie	*lai*	**mentir**
like	*laik*	**gustar**
make	*meik*	**hacer**
meet	*miit*	**conocer**
open	*ou·pin*	**abrir**
pay	*pei*	**pagar**
put	*put*	**poner**
read	*riid*	**leer**
rent	*rint*	**alquilar**
see	*sii*	**ver**
sit	*sit*	**sentarse**
tell	*tel*	**decir**
try	*trai*	**intentar**
use	*ius*	**usar**
want	*guant*	**querer**
wash	*guash*	**lavar**
win	*guin*	**ganar**
watch	*guatsh*	**mirar**
take	*teik*	**tomar**
study	*stu·di*	**estudiar**

Ejemplos de cómo se conjugan la mayoría de los verbos

regulares o irregulares.

REGULAR INGLÉS *PRONUNCIACIÓN* ESPAÑOL	IRREGULAR INGLÉS *PRONUNCIACIÓN* ESPAÑOL
I work today. *ai werk tu·dei* **Trabajo hoy.**	I cut meat. *ai kut mit* **Corto la carne.**
I believe in God. *ai bi·lif in God* **Creo en Dios.**	They catch the ball. *dei kash di bal* **Ellos atrapan la pelota.**
They open the door. *dei o·pin di door* **Ellos abren la puerta.**	Let us begin. *let us bigin* **Vamos a comenzar.**

ADJETIVOS Y SU CONTRAPARTES

Adjectives and Their Counterparts

(ad·jekt·ifs end der kaun·ter·parts)

Son muy empleados y se utilizan para expresar las características de un sustantivo en una oración ya sea evidente o en sentido figurado. Debes memorizarlas ya que son las más usadas por los estadounidenses.

INGLÉS	PRONUNCIACIÓN	ESPAÑOL
happy	*jap·pi*	**feliz**
tall	*tal*	**alto**
open	*o·pin*	**abrir**
beautiful	*biu·ti·ful*	**hermoso**
old	*old*	**viejo**
fat	*fat*	**gordo**
front	*front*	**delantera**
dark	*dark*	**obscuro**
left	*left*	**izquierdo**

INGLÉS	PRONUNCIACIÓN	ESPAÑOL
pretty	prit·ti	bonita
small	smol	chico
stupid	stu·pid	estúpido
friendly	frend·li	amistoso
heavy	jev·i	pesado
small	smol	chico
narrow	nar·rou	estrecho
present	pres·ent	presente
wrong	wrong	incorrecto
famous	feim·es	famoso
false	fols	falso
religious	ri·lig·as	religioso
modern	ma·dern	moderno
joyful	yoi·fel	alegre
angry	an·gri	enojado
elegant	el·i·gant	elegante
awake	a·weik	despierto
wild	waild	salvaje
fierce	fiirs	feroz

50

INGLÉS	PRONUNCIACIÓN	ESPAÑOL
cheap	*chiip*	**barato**
good	*gud*	**bueno**
sour	*saur*	**agrio**
hard	*jard*	**duro**
complete	*com·pliit*	**completo**
rich	*rich*	**rico**
next	*next*	**siguiente**
sad	*sad*	**triste**
short	*short*	**bajo (para personas)**
closed	*clousd*	**cerrado**
ugly	*og·li*	**feo**
new	*niu*	**nuevo**
young	*yong*	**joven**
thin	*din*	**delgado/flaco**
back	*back*	**de atrás**
light	*lait*	**claro**
right	*wraigt*	**derecho**
handsome	*jand·som*	**guapo**
big	*big*	**grande**

INGLÉS	PRONUNCIACIÓN	ESPAÑOL
smart	*smart*	listo
unfriendly	*on·frend·li*	no amistoso
light	*laigt*	ligero
big	*big*	grande
wide	*waid*	ancho
absent	*ab·sent*	ausente.
right	*wraigt*	correcto
unknown	*on·noun*	desconocido
true	*tru*	verdadero
atheistic	*ad·i·is·tic*	ateo
antique	*an·tik*	antiguo
sorrowful	*sow·ro·fel*	afligido
content	*con·tent*	contento
badly dressed	*bad·li drest*	mal vestido
asleep	*a·sliip*	dormido
domestic	*da·mest·ic*	doméstico
tame	*teim*	doméstico
expensive	*ex·pen·sif*	caro
bad	*bad*	malo

INGLÉS	PRONUNCIACIÓN	ESPAÑOL

sweet	*swiit*	**dulce**
soft	*soft*	**suave**
incomplete	*in·com·pliit*	**incomplete**
poor	*puur*	**pobre**
last	*last*	**último**

PREPOSICIONES

Prepositions

(prep·o·si·shens)

Las preposiciones se emplean cuando deseamos referirnos acerca de una dirección, posición o localización. Son fáciles de memorizar y son muy importantes para dominar este idioma.

PREPOSICIÓN	INGLÉS Y *PRONUNCIACIÓN* Y ESPAÑOL

PREPOSICIÓN	INGLÉS Y *PRONUNCIACIÓN* Y ESPAÑOL
next *next* **a lado/siguiente**	He is next to Mr. John. *ji is next tu mis·ter John* **El está a lado del señor John.**
near *niie* **serca**	My car is near your car. *mai kar is niir your kar* **Mi carro está cerca de tu carro.**
in front *in front* **en frente**	There is a nice park in front of the house. *der is a nais park in front ov your haus* **Hay un bonito parque en frente de tu casa.**
behind *bi·jaind* **atras/detras**	The forest is behind the store. *de for·est is bi·jaind de stor* **El bosque está atrás de la tienda.**
down *daun* **abajo**	Your shoes are down here. *yur shuus ar daun jiir* **Tus zapatos están aquí abajo.**

PREPOSICIÓN	INGLÉS Y PRONUNCIACIÓN Y ESPAÑOL
inside	There are socks inside that drawer.
in·said	*der ar soks in·said dat drow·er*
en el interior	**Hay calcetines dentro de ese cajón.**
outside	Your cat is outside the house.
autsaid	*your kat is aut·said de jaus*
fuera de	**Tu gato está afuera de la casa.**
out	Go out of my room.
aut	*go aut of mai ruum*
fuera	**Sal de mi cuarto.**
with	You are with him.
wit	*iu ar with him*
con	**Tú estás con él.**
of	That car is of your mom.
of	*dat kar is of your mom*
de pertenecer	**Ese carro es de tu mamá.**
from	He is from Argentina.
from	*ji is from ar·gen·ti·na*
de lugar	**Él es de Argentina.**

PREPOSICIÓN	INGLÉS Y *PRONUNCIACIÓ*N Y ESPAÑOL
onto *an·tu* **sobre**	They jumped onto the back of the bus. *they jompd an·tu de back of de bus* **Él salta en la parte de atrás del camión.**
by *bai* **por**	She travels by car. *shi trav·els bai kar* **Ella viaja en carro.**
without *wid·aut* **sin**	I do very good work without help. *ai do ver·i gud work wid·aut jelp* **Yo hago un muy buen trabajo sin ayuda.**
during *dur·ing* **durante**	They eat bread during the morning. *dei iit bred dur·ing di morn·ing* **Ellos comen pan durante la mañana.**
between *bi·twiin* **entre/en medio**	My car is between two dogs. *mai kar is bi·twiin tu daugs* **Mi carro está entre dos perros.**

PREPOSICIÓN	INGLÉS Y *PRONUNCIACIÓN* Y ESPAÑOL
among *a·mong* **entre***	There is an intelligent dog among all the people at the party. *der is an in·tel·i·gent daug a·mong ol di pi·pol at di par·ti* **Hay un perro inteligente entre toda la gente de la fiesta.**
*expresa lo mismo que "between" pero entre más de dos personas.	
almost *ol·most* **casi**	They are almost finishing this dance. *dei ar ol·most fin·ish·ing dis dans* **Ellos están casi terminando este baile.**
after *af·ter* **después**	Night is after day. *nait is af·ter dei* **La noche es después del día.**
before *bi·for* **antes**	Morning is before night. *morn·ing is bi·for nait* **La mañana es antes de que la noche.**

PREPOSICIÓN	INGLÉS Y *PRONUNCIACIÓN* Y ESPAÑOL	
to	You want to go to your country.	
tu	*yu want tu go tu yur kun·tri*	
a	**Tú quieres ir a tu país.**	
for	I am studying for a Spanish exam.	
for	*ai am stud·i·ing for a span·ish eks·am*	
por/para	**Estoy estudiando para un examen de español.**	
since	You have had no money since last month.	
sins	*yu jaf had no mon·i sins last month*	
desde	**Tú no tienes dinero desde el último mes.**	
ago	She has been sick since ten days ago.	
a·go	*shi has biin sik sins ten deis a·go*	
hace	**Ella está enferma desde hace 10 días.**	
beyond	This house is beyond that mountain.	
bi·yond	*dis haus is bi·yond daft maun·ten*	
más allá	**Esta casa está más allá de la montaña.**	

PREPOSICIÓN	INGLÉS Y *PRONUNCIACIÓN* Y **ESPAÑOL**
on	The book is on the sofa.
on	*di buuk is on di so·fa*
en	**El libro está sobre el sofá.**

LOS PRONOMBRES POSESIVOS Y LOS ADJETIVOS

Possessive Pronouns and Their Adjectives

(po·ses·if pro·nauns end der ad·jekt·ifs)

INGLÉS Y *PRONUNCIACIÓN* Y **ESPAÑOL**	INGLÉS Y *PRONUNCIACIÓN* Y **ESPAÑOL**
my	My son.
mai	*mai son*
mí	**Mi hijo.**

INGLÉS Y PRONUNCIACIÓN Y ESPAÑOL	INGLÉS Y PRONUNCIACIÓN Y ESPAÑOL
mine *main* **mío/aos/as**	The book is mine. *di buuk is main* **El libro es mío.**
your *your* **tu**	Your brothers. *your bra·ders* **Tus hermanos.**
yours *yours* **tuyo/a/os/as**	The cat is yours. *di cat is yurs* **El gato es tuyo.**
his *jis* **suyo, de él**	His wife. *jis waif* **Su esposa de él.**
her *jer* **su de ella**	Her pencil. *jer pen·cil* **Su lápiz de ella.**

INGLÉS Y	INGLÉS Y
PRONUNCIACIÓN Y ESPAÑOL	*PRONUNCIACIÓN* Y ESPAÑOL
hers	The money is hers.
jers	*di ma·ni is jers*
de ella	**El dinero es de ella.**
its	its water
its	*its wa·ter*
su (de una cosa)	*su agua*
our	Our money.
aur	*aur mon·i*
nuestro	**Nuestro dinero.**
ours	The car is ours.
aurs	*di car is aurs*
de nuestro	**El carro es nuestro.**
your	Your choice.
yur	*yur chois*
se de ustedes	**El elección de ustedes**

INGLÉS Y PRONUNCIACIÓN Y ESPAÑOL	INGLÉS Y PRONUNCIACIÓN Y ESPAÑOL
yours *yours* **de ustedes**	The food is yours. *di fuud is yurs* **La comida es de ustedes.**
their *der* **su de ellos**	Their houses. *der jauses* **Sus casas de ellos.**
theirs *ders* **de ellos**	The beds are theirs. *di beds ar ders* **Las camas son de ellos.**

Los Pronombres posesivos quieren decir posesión de algo. Comparación de los adjetivos posesivos y los pronombres posesivos:

INGLÉS Y PRONUNCIACIÓN Y ESPAÑOL	INGLÉS Y PRONUNCIACIÓN Y ESPAÑOL

INGLÉS Y	INGLÉS Y
PRONUNCIACIÓN Y ESPAÑOL	*PRONUNCIACIÓN* Y ESPAÑOL
My car is this. *mai car is dis* **Mi carro es este.**	This car is mine. *dis car is main* **Este carro es mío.**
Your house is this. *yur jaus is dis* **Tu casa es esta.**	This house is yours. *dis jaus is yours* **Esta casa es tuya.**
Their horses are these. *der hor·ses ar diis* **Sus caballos son estos**	These horses are theirs. *diis jor·ses ar ders* **Estos caballos son de ellos.**
Our city is this. *aur si·ti is dis* **Nuestra ciudad es esta.**	This city is ours. *dis si·ti is aurs* **Esta ciudad es nuestra.**
His house is that. *jis jaus is dat* **Su casa es aquella esa.**	That house belongs to him. *dat jas bi·longs tu jim* **Esa casa pertenece a él.**

INGLÉS Y	INGLÉS Y
PRONUNCIACIÓN Y ESPAÑOL	*PRONUNCIACIÓN* Y ESPAÑOL
Her house. *jer jaus* **Su casa.**	The house belongs to her. *di jaus bi·longs tu her* **La casa pertenece a ella.**

PRONOMBRES DEMOSTRATIVOS

Demonstrative Pronouns

(di·mon·streit·if pro·nauns)

Son empleados para referirnos a algo que está cerca o lejos de nosotros

PRONOUN EXPLANATION	INGLÉS Y *PRONUNCIACIÓN* Y ESPAÑOL	INGLÉS Y *PRONUNCIACIÓN* Y ESPAÑOL

PRONOUN EXPLANATION	INGLÉS Y *PRONUNCIACIÓN* Y ESPAÑOL	INGLÉS Y *PRONUNCIACIÓN* Y ESPAÑOL
Se emplea al decir que algo está cerca o lejos de algo o alguien.	this *dis* **esto/a**	This girl is my daugther. *dis gerl is may do·ter* **Esta niña es mi hija.**
Se usa para decir que algo o alguien está lejos de nosotros.	that *dat* **eso/aquello(a)**	That boy is my son. *dat boi is mai son* **Aquel niño es mi hijo.**
Se emplea para decir que dos personas o más cosas están cerca de nosotros.	these *diis* **estos/as**	These dogs are mine. *diis daugs ar main* **Estos perros son míos.**
Se emplea para decir que dos personas o más cosas están lejos de nosotros.	those *dos* **esos(as)/aquellos(as)**	Those cats are mine. *dos kats ar main* **Aquellos gatos son míos.**

No olvides encontrar con esta guía toda la práctica en internet. Recuerda este curso te muestra la guía definitiva para que aprendas inglés, pero debes memorizar y practicar: hablar, escuchar, escribir y leer

"THERE IS" Y "THERE ARE" Y NEGACIÓN

"There Is" and "There are" and Denial

(der is end der ar end di·nai·al)

INGLÉS Y *PRONUNCIACIÓN* Y ESPAÑOL	INGLÉS Y *PRONUNCIACIÓN* Y ESPAÑOL
there is *der is* **hay** (se emplea para decir que hay algo o alguien)	there are *der ar* **hay** (se emplea para decir que hay muchas personas o cosas)

INGLÉS Y PRONUNCIACIÓN Y ESPAÑOL	INGLÉS Y PRONUNCIACIÓN Y ESPAÑOL
There is a person. *der is a per·son* **Hay una persona.**	There is not a person. *der is not a per·son* **No hay una persona.**
There are apples on the table. *der ar ap·pels on di tei·bol* **Hay manzanas en la mesa.**	There are not apples on the table. *der ar not ap·pels on di tei·bol* **No hay manzanas en la mesa.**

Como preguntar hay en inglés en plural y singular.

Recuerda que para interrogar en inglés solo se usa al final el signo de interrogación.

INGLÉS Y PRONUNCIACIÓN Y ESPAÑOL	INGLÉS Y PRONUNCIACIÓN Y ESPAÑOL
Is there a person here? *is der a per·son jir* **¿Hay una persona aquí?**	Are there people here? *ar der pi·pol jiir* **¿Hay personas aquí?**

*Recuerda que siempre se preguntará así cuando quieres decir hay, plural y singular.

USO AMPLIO DEL "IN" Y "ON"

Extensive Use of "In" and "on"

(eks·tens·if yus of in end on)

Es muy importante aprendérselos de memoria para que es el uso de cada uno, y eso se puede hacer con ejercicios escritos.

INGLÉS Y *PRONUNCIACIÓN* Y ESPAÑOL	INGLÉS Y *PRONUNCIACIÓN* Y ESPAÑOL	INGLÉS Y *PRONUNCIACIÓN* Y ESPAÑOL
on *on* (se emplea usualmente para meses, días)	On Friday. *on fra·idei* **El Viernes.**	On May 1st. *on mei ferst* **El primero de mayo.**
on *on* (se emplea al decir sobre cuando algo esta sobre otra superficie tocandos)	My pencil is on the table. *mai pen·cil is on di tei·bel* **Mi lápiz está sobre la mesa.**	My wallet is on the floor. mai wal·let is on the flor **Mi cartera está sobre el piso.**

68

INGLÉS Y PRONUNCIACIÓN Y ESPAÑOL	INGLÉS Y PRONUNCIACIÓN Y ESPAÑOL	INGLÉS Y PRONUNCIACIÓN Y ESPAÑOL
in *in* (se emplea para decir que algo está dentro de y para los años y estaciones)	In May. *in mei* **En mayo.**	I am living in the US. *ai am liv·ing in the u s* **Yo estoy viviendo en usa.**

COMO SE USA "...ING"

How To Use "...ing"

(jao tu yus "..ing")

"Ing" es una forma verbal en inglés que se utiliza para describir acciones en curso o en progreso. Es una forma gerundia que se utiliza para describir una acción que se está realizando en el momento o que está en curso. Por ejemplo, en la frase "I am running," "running" es un gerundio que describe la acción en curso de correr.

INGLÉS Y PRONUNCIACIÓN Y ESPAÑOL	INGLÉS Y PRONUNCIACIÓN Y ESPAÑOL
ask *ask* **preguntar**	I am asking you. *ai am ask·ing yu* **Te estoy preguntando.**
call *kal* **llamar**	I am calling you. *aim kal·ling yu* **Te estoy llamando.**
think *dink* **pensar**	What are you thinking? *wat ar yu tink·ing* **¿Qué estás pensando?**
tell *tel* **contar**	I am telling you something. *ai am tel·ling yu som·ting* **Te estoy diciendo algo**
see *sii* **ver**	I am seeing you. *ai am sii·ing yu* **Te estoy viendo.**
say *sei* **decor**	Saying something. *sei·ing som·ting* **Diciendo algo.**
try *trai* **intentar**	I am trying to eat this. *ai am trai·ing tu iit dis* **Estoy intentando comer esto.**
want *want* **querer**	I want to eat pizza. *ai want tu iit pizza* **Quiero comer pizza.**

INGLÉS Y PRONUNCIACIÓN Y ESPAÑOL	INGLÉS Y PRONUNCIACIÓN Y ESPAÑOL
take *teik* **tomar**	I am taking risks. *ai am teik·ing risks* **Estoy tomando riesgos.**
use *yus* **usar**	I am using scissors to cut. *ai am u·sing si·sors tu kut* **Estoy usando las tijeras para cortar.**
work *werk* **trabajar**	I am working at home. *ai am werk·ing at jom* **Estoy trabajando en casa.**
make *meik* **hacer**	I am making money. *ai am meik·ing mon·i* **Estoy haciendo dinero.**
get *get* **conseguir/obtener**	I am getting food. *ai am get·ting fuud* **Estoy consiguiendo comida.**
feel *fiil* **sentir**	I am feeling good. *ai am fiil·ing guud* **Me estoy sintiendo bien.**
give *gif* **dar**	I am giving you money. *ai am gif·ing yu mon·i* **Te estoy dando dinero.**

CÓMO USAR "OTHER" Y "ANOTHER"

How To Use "Other" and "Another"

(jao tu yus o·der end a·na·der)

INGLÉS Y PRONUNCIACIÓN Y ESPAÑOL	INGLÉS Y PRONUNCIACIÓN Y ESPAÑOL	INGLÉS Y PRONUNCIACIÓN Y ESPAÑOL
other *ader* **otro**	The other coins are in your pockets. *di a·der koins ar in your po·kets* **Las otras monedas están en tus bolsillos.**	Where are the other girls? *guer ar di od·er gerls* **¿Dónde están las otras chicas?**
another *anoder* **otro**	I want to take another English class. *ai want tu teik a·no·der in·glesh klas* **Quiero tomar otra clase de inglés.**	You have to take another course. *yu jaf tu teik a·no·der cours* **Tienes que tomar otro curso.**

EL PRESENTE PROGRESIVO

Present Progressive

(pre·sent pro·gres·if)

Se emplea para mostrar cuándo una acción está pasando en el presente.

La fórmula es: sujeto + el verbo estar "to be" + el verbo en ..."ing" y el resto de la oración.

INGLÉS Y *PRONUNCIACIÓ*N Y ESPAÑOL
You are being rude. *yu ar bi·ing ruud* **Tú estás siendo rudo.**
They are wearing new shoes. *dei ar wear·ing niu shuus* **Ellos están usando zapatos nuevos.**
I am working in the factory. *ai am werk·ing in di fak·tor·i* **Estoy trabajando en una fábrica.**

Negation:

INGLÉS Y PRONUNCIACIÓN Y ESPAÑOL
It is not snowing in Los Angeles.   *it is nat sno·ing in los an·gel·es*   **No está nevando en Los Ángeles.**
He is not playing soccer with his friends.   *ji is not pley·ing sak·ker with his frends*   **El no está jugando fútbol con sus amigos.**
I am working in the factory.   *ai am werk·ing in di fak·tor·i*   **Estoy trabajando en una fábrica.**

Pregunta se antepone el verbo "to be is o are":

INGLÉS Y PRONUNCIACIÓN Y ESPAÑOL
Is it snowing in Los Angeles?   *is it sno·ing in los an·gel·es*   **¿Está lloviendo en los Ángeles?**

FRASES INTERROGATIVAS EN INGLÉS

Interrogative Phrases in English

(in·ter·o·geit·if frei·sis in ing·lesh)

INTERROGATIVO	INGLÉS Y *PRONUNCIACIÓN* Y ESPAÑOL
who *ju* **quien** (se emplea para preguntar)	Who are you? *ju ar iu* **¿Quién eres tú?**
	Who is it? *ju is it* **¿Quién es?**
	Who is cooking? *ju is kook·ing* **¿Quién está cocinando?**
what *wat* **que/cual** (se emplea para tener información amplia de algo)	What is your last name? *wat is your last neim* **¿Cuál es tu apellido?**
	What is that in your hat? *wat is dat in your jat* **¿Qué es eso en tu sombrero?**

INTERROGATIVO	INGLÉS Y *PRONUNCIACIÓN* Y ESPAÑOL
	What time is it right now? *wat taim is it rait nau?* **¿Qué hora es ahora?**
which *wich* **cual** (se emplea para indicar la elección en un grupo de cosas o algo)	There are three balls. Which one* do you want? *der ar trii bools. wich uan du yu want* **Hay tres pelotas ¿Cuál quieres?**
	*Se dice "which one" para no volver a repetir el objeto.
	Which skirt is yours? *wich skirt is yurs* **¿Cuál falda es tuya?**
how *jao* **cómo**	How is this food? *jao is dis fuud* **¿Cómo está la comida?**
	How will the dance be? *jau wil di dans bi* **¿Cómo va a ser el baile?**
	How small is your hand? *jao smal is yur jand* **¿Qué tan pequeña es tu mano?**
where *wher* **donde**	Where are your parents? *wher ar yur par·ents* **¿Dónde están tus padres?**

76

INTERROGATIVO	*PRONUNCIACIÓN* Y ESPAÑOL
	Where is she from?
(se emplea para cuestionar sobre un lugar o del lugar o procedencia)	*wher is shi from* **¿De dónde es Ella?** Where are my socks?
	wher ar mai soks **¿Dónde están mis calcetines?**
when	When is your class?
wen **cuando**	*wen is your klas* **¿Cuándo es tu clase?** When are you going to make breakfast?
(se emplea para preguntar sobre el tiempo en que pasó algo en específico)	*wen ar yu go·ing tu meik breik·fast* **¿Cuándo vas tú a hacer el desayuno?** Why are you crying?
why *wai* **¿por qué?**	*wai ar yu krai·ing* **¿Por qué estás llorando?** Why are you looking in the purse?
	wai ar yu luuk·ing in di purs **¿Por qué estás buscando en la bolsa?** Why are you here in this place?
(se emplea para cuestionar)	*wai ar yu jir in dis pleis* **¿Por qué estás aquí en este lugar?**

ADVERBIOS DE FRECUENCIA

Frequency Adverbs

(fri·kan·si ad·verbs)

Son palabras empleadas para indicar algo que sucede con frecuencia.

Ejemplos del uso de los adverbios de cada uno:

INTERROGATIVO	INGLÉS Y *PRONUNCIACIÓN* Y ESPAÑOL
always *al·weis* **siempre** (usada en 100%)	I always eat bread. *ai ol·weis iit bred* **Yo siempre como pan.**
usually *ush·u·a·li* **usualmente** (usada en 90%)	They usually run in the morning. *dei ush·u·a·li ran in di morn·ing* **Ellos usualmente corren en la mañana.**
often *aft·en* **a menudo** (usada en 80%)	She often makes breakfast. *shi af·ten meiks breik·fast* **Ella a menudo prepara el desayuno.**
frequently *frik·went·li* **frecuentemente** (usada en 70%)	He frequently goes to the gym. *ji frik·went·li gos tu di yim* **El frecuentemente va al gimnasia.**

INTERROGATIVO	INGLÉS Y *PRONUNCIACIÓN* Y ESPAÑOL
~~sometimes~~	
som·taims **algunas veces/ a veces** (usada en 50%)	Sometimes we go to the church. *som·taims wi go tu di shurch* **Algunas veces vamos a la iglesia.**

INTERROGATIVO	INGLÉS Y *PRONUNCIACIÓN* Y ESPAÑOL
ever *ev·er* **alguna vez**	Have you ever been in París? *jav yu ev·er biin in par·is* **¿Has estado alguna vez en parís?**
how often *jao of·ten* **con qué frecuencia**	How often? *jao of·en do yu iit* **¿Qué tan a menudo comes?**
never *ne·ver* **nunca**	I never work. *ai ne·ver work* **Yo nunca trabajo.**

LOS COMPARATIVOS EN INGLÉS

Comparatives in English

(kom·*par·a·tifs in ing·les*)

Nos sirven para comparar objetos y cualquier cosa en una oración.

Los adjetivos cortos: solo se les añade "...er than".

COMPARATIVO	INGLÉS Y *PRONUNCIACIÓN* Y **ESPAÑOL**
tall *tal* **alto** ("tall<u>er than</u>")	She is taller than me. *shi is tol·ler dan mi* **Ella es más alta que yo.**
short *short* **corto** ("short<u>er than</u>")	My uncle is shorter than me. *mai ank·al is short·er dan mi* **Mi tío es más bajo que yo.**
full *ful* **lleno** ("full<u>er than</u>")	His glass is fuller than hers. *jis glas is ful·ler dan jirs* **Su vaso está más lleno que el de ella.**
hard *jard* **duro/difícil** ("hard<u>er than</u>")	This is harder than driving. *dis is jard·er dan draif·ing* **Esto es más difícil que conducir.**
soft *soft* **blando/suave** ("soft<u>er than</u>")	That towel is softer than the red towel. *dat towel is soft·er dan di red tow·el* **Esa toalla es más suave que la toalla roja.**
big *big* **grande** ("big<u>ger than</u>")	Your house is bigger than mine. *your jaus is big·ger dan main* **Tú casa es más grande que la mía.**

COMPARATIVO	INGLÉS Y PRONUNCIACIÓN Y ESPAÑOL
small *smal·ler* **chico/pequeño** ("small<u>er than</u>")	My hand is smaller than yours. *mai jand is smal·ler dan yours* **Mi mano es más pequeña que la tuya.**

Se le agrega "more" o "less" to an adjetivo.

ADJETIVOS LARGOS	INGLÉS Y PRONUNCIACIÓN Y ESPAÑOL
expensive *eks·pen·sif* **caro** ("<u>more</u> expensive")	This dress is more expensive than the pink skirt. *dis dres is mor eks·pen·sif dan di pink skert* **Este vestido es más caro que esa falda rosa.**
delicious *di·lish·us* **delicioso** ("<u>more</u> delicious")	Your cake is more delicious than hers. *your keik is mor di·li·shus dan hers* **Tu pastel es más delicioso que el de ella.**
famous *feim·os* **famoso** ("<u>more</u> famous")	This song is less famous than the other. *dis song is les fei·mos dan di o·der* **Está canción es menos famosa que otras.**
intelligent *inteligent* **inteligente** ("<u>more</u> intelligent")	She is less intelligent than your son. *shi is les in·tel·i·gen dan your san* **Ella es menos inteligente que tu hijo.**

Los comparativos irregulars

COMPARATIVO IRREGULARES	INGLÉS Y *PRONUNCIACIÓN* Y ESPAÑOL
good *guud* **bueno**	She is good at football. *shi is guud at fuut·bol* **Ella es buena en fútbol.**
bad *bad* malo	I am bad at singing. *ai am bad at sing·ing* **Yo soy malo cantando.**

Se emplean después de otra acción

COMPARATIVO IRREGULARES	INGLÉS Y *PRONUNCIACIÓN* Y ESPAÑOL
well *wel* **bien**	We play soccer well. *wi plei sak·ker wel* **Nosotros jugamos fútbol bien.**
badly *badli* mal	You kicked the red ball badly. *yu kik·d di bal bad·li* **Tú pateaste mal la pelota roja.**

COMO SE EMPLEAN "BUT" Y "AS"

How To Use "But" and "As"

(jao tu yus but end as)

COMPARATIVO	INGLÉS Y *PRONUNCIACIÓN* Y ESPAÑOL
as *as* **como** (tiene varios significados)	He plays the guitar as I sleep. *ji pleis de gi·tar as ai sliip* **Él toca la guitarra mientras yo duermo.**
	He works as a lawyer. *ji works as a lou·yer* **Él trabaja como abogado.**
	They are as tall as you. *dei ar as tol as yu* **Ellos son tan altos como tú.**
	He will come as soon as possible. *ji wiil kom as suun as pos·si·bal* **Él vendrá tan prónto como sea posible.**
but *bat* **pero** (sus significados)	I can speak Spanish but I cannot speak English. *ai can spiik span·ish bat ai can·nat in·glesh* **Puedo hablar español pero no inglés.**
	She is not a chef but she is a painter. *shi is nat a chef bat shi is a pein·ter* **Ella no es una cocinera sino una pintora.**

COMPARATIVO	INGLÉS Y *PRONUNCIACIÓN* Y ESPAÑOL
	She is a beautiful actress but she is not very talented. *shi is a biu·ti·fal ak·tres bat shi is nat ver·i tal·en·ted* **Ella es una hermosa actriz pero no es muy talentosa.**
so	The girl was so happy that she started to
so **así que**	jump. *de gerl was so jap·pi dad shi start·ed to jump* **La chica estaba tan contenta que empezó a saltar.** I was so tired that I fell asleep.
	ai was so taired dad ai fel a·sliip **Estaba tan cansado que me quedé dormido.**

SUPERLATIVOS REGULARES E IRREGULARES EN INGLÉS

Regular and Irregular Superlatives in English

(reg·yu·lar end i·reg·yu·lar su·per·la·tifs in ing·lesh)

Son empleados para la comparación de más de 3 objetos, animales o personas.

Los más usados en el día a día.

INGLÉS	PRONUNCIACIÓN	ESPAÑOL
He is the youngest in my family.	*ji is di youngest in mai feim·i·li*	**Él es el más joven en mi familia.**
I am the fastest runner in the world.	*ai am di fast·est run·ner in di werld*	**Yo soy el corredor más rápido del mundo.**
They are living in the smallest house in the country.	*dei ar liv·ing in de small jaus in da koun·tri*	**Ellos están viviendo en la casa más pequeña del país.**
This house is the most expensive she has bought.	*dis haus is de most eks·pen·sif shi jas baut*	**Esta casa es la más cara que ella ha comprado.**
Today is the coldest day I can remember.	*tu·dei is de kold·ist dei ai can ri·mem·ber*	**Hoy es el día más frío que puedo recordar.**
What is his most recent novel?	*wat is jis mast ri·cent na·vel*	**¿Cuál es su más reciente novela?**
Yesterday, I was the happiest man in the universe.	*yes·ter·dei ai was de jap·pi·est men in de uin·i·vers*	**Ayer era la persona más feliz en el universo.**
Your house is the biggest in this town.	*yur jaus is de big·gest in this taun*	**Tu casa es la más grande en este pueblo.**
Your mom is the oldest of all here.	*your mom is di old·est of all jiir*	**Tu madre es la más vieja de todos aquí.**

LOS PRONOMBRES REFLEXIVOS EN INGLÉS

Reflexive Pronouns in English

(ri·fleks·if pronouns in ing·lesh)

Se usan cuando hacemos algo nosotros mismos o nos sucede algo a nosotros mismos para enfatizar una acción.

PRONOMBRE REFLEXIVO	INGLÉS Y *PRONUNCIACIÓN* Y **ESPAÑOL**
myself *mai·self* **mi mismo**	I blame myself for that mistake. *ai bleim mai·self for dat mis·teik* **Me culpo yo mismo por ese error.**
yourself *your·self* **tú mismo/ ustedes mismos**	You will hurt yourself if you are not careful. *yu wil hert yu·rself* **Tú te lastimarás si no eres cuidadoso contigo mismo.**
himself *jim·self* **el mismo**	He himself must talk with them. *ji jim·self mast talk wit dem* **Él mismo debe hablar con ellos.**
herself *jer·self* **ella mismo**	She herself decorated her home. *shi jer·self dek·or·a·ted jer hom* **Ella misma decoró su casa.**
itself *it·self* **sí mismo**	My cell turns itself off at a specific time. *mai sel terns it·self of at a spe·sif·ik taim* **Mi cel se apaga solo en una hora específica.**

PRONOMBRE REFLEXIVO	INGLÉS Y PRONUNCIACIÓN Y ESPAÑOL
ourselves *aur·selfs* **nosotros mismos**	We can do the construction ourselves. *wi kan du di kon·struk·shen aur·selfs* **Podemos hacer la construcción nosotros mismos.**
themselves *dem·selfs* **ellos mismos**	They themselves made an offer to buy the house. *dei dem·selfs meid an of·fer tu bai di jaus* **Ellos mismos hicieron una oferta para comprar la casa.**

LOS CUANTIFICADORES EN INGLÉS

Quantifiers in English

(kan·ti·fai·ers in ing·lesh)

Los cuantificadores nos dicen la cantidad o total de ciertas cosas, y claramente nos responde a la cuestión de la pregunta ¿Cuántos? Existen diferentes tipos como por ejemplo: Some, Any, Much, Many, A lot of…

CUANTIFICADOR	INGLÉS Y PRONUNCIACIÓN Y ESPAÑOL
some *som* **algo/algunos** (se emplea para pedir o ofrecer cierta cosa. Puede ser utilizada interrogativa o afirmativa)	We need some tables in the room. *wi niid som tei·bols in di ruum* **Necesitamos algunas mesas en el cuarto.**
	Would you like some water? *wud yu laik some wa·ter* **¿Te gustaría un poco de agua?**
any *eni* **algo/algunos(as)** (es parecido a some pero es empleado específicamente en situaciones negativas y afirmativas)	Do you have any cats? *du yu jaf en·i kats* **¿Tienes algunos gatos?**
	Do you have any questions for me? *du yu jaf en·i kuest·shens for mi* **¿Tienes algunas preguntas para mi?**
much/many *mach/meni* **mucho/a** (ambos se emplean cuando se quiere especificar cantidad pero "much" es singular y "many" es plural)	We do not have much time. *wi du nat jav mach taim* **No tenemos mucho tiempo.**
	We do not have much sugar. *wi du nat jaf mach shu·gar* **No tenemos mucha azúcar.**
	She does not have much money. *shi dos nat jaf mach mon·i* **Ella no tiene mucho dinero.**

CUANTIFICADOR	INGLÉS Y PRONUNCIACIÓN Y ESPAÑOL
	I have many animals. *ai jaf men·i an·i·mals* **Tengo muchos animales.**
	I do not have many horses. *ai du nat jaf men·i jor·ses* **No tengo muchos caballos.**
	They have many children. *dei jaf men·i child·ren* **Ellos tienen muchos hijos.**
a lot *a lat* **un montón**	I have a lot of oranges. *ai jab a lot of o·ran·ches* **Tengo un montón de naranjas.**
	They gave me a lot of money. *dei geif me a lat of mon·i* **Ellos me dieron un montón de dinero.**
	A lot of animals died. *a lot of an·i·mals daid* **Un montón de animales murieron.**

FUTURO CONTINUO "WILL" Y "GOING"

Future Continuous "Will" and "Going"
(fu·tur kon·ten·u·os wil end go·ing)

Se emplea para indicar una acción en un futuro, un objetivo o un plan en el futuro inmediato. Se emplean también en la acción.

VERBO	INGLÉS Y *PRONUNCIACIÓN* Y ESPAÑOL
going to *go·ing tu*	It is going to be sunny next week. *it is go·ing tu bi san·i next wik* **Va a estar soleado la próxima semana.**
(se emplean en next week, next month, next year...)	We are going to visit you in one day. *wi ar go·ing tu vis·it yu in wuan dei* **Nosotros vamos a visitarte en un día.**
will *wil*	I will dance next month. *ai wil dans nekst mont* **Yo bailaré el siguiente me.**
(indica futuro pero no se está seguro de cierta cosa, .es un	She will go to Brazil next year if she is not sick. *shi wil go tu Bra·sil nekst yir if shi is nat sik* **Ella irá a Brasil el siguiente año si no está enferma.**

VERBO	PRONUNCIACIÓN Y ESPAÑOL
plural con he, she o it.)	He will drink his juice if he wants. *ji wil drink jis juus if ji wants* **Beberá su jugo si quiere.**
will be wil bi	You will be waiting for her until she arrives. *yu wil bi weit·ing for jer an·til shi a·raif·s* **Tú estarás esperando por ella hasta que ella llegue.**
(se emplea en las oraciones que expresen un futuro lejano)	He will be eating the tacos when she comes. *ji wil bi iit·ing di ta·cos wen shi coms* **El estará comiendo los tacos cuando ella venga.**
(para la negativa se cambia el will por "won´t")	I won't be working in the factory. *ai wont be werk·ing in di fak·to·ri* **Yo no estaré trabajando en la fábrica.**

"MAKE" Y "DO"

"Make" and "Do"

(meik end do)

Dos de los verbos más importantes en Inglés.

VERBO	INGLÉS Y *PRONUNCIACIÓN* Y ESPAÑOL
do *du* **hacer** (se emplea para referirse a actividad ya sea física o mental)	Do your best. *du your best* **Haz lo mejor de ti.**
	Do the math homework. *du di mat jom·werk* **Hacer la tarea de matemáticas.**
"Do" también se emplea para hacer énfasis a una acción	Children do make mistakes. *chil·dren du meik mis·teiks* **Los niños cometen errores.**
	We do talk very loudly. *wi du talk ver·i laud·li* **Nosotros hablamos muy alto.**
make *meik* **hacer/fabricar** (se emplea para referirse a hacer algo empleando las manos)	I'm making a chocolate cake. *aim meik·ing a chok·o·lat kak* **Estoy preparando un pastel de chocolate.**
	You are making a good lemonade. *yu ar meik·ing a gud lem·on·eid* **Tú estás haciendo una buena limonada.**
	She is making a bad picture. *shi is meik·ing a bad pic·shur* **Ella está haciendo una mala foto.**

EL PASADO SIMPLE Y PASADO PROGRESIVO

The Past Simple and Past Progressive

(di past simp·el end past pro·gres·if)

El pasado del "to be" is "were" and "was." Es el pasado de una acción.

VERBO	INGLÉS Y *PRONUNCIACIÓN* Y ESPAÑOL
was *was*	I was at home. *ai was at jom* **Yo estaba en casa.**
se emplea en: I he she it	She was dancing. *shi was dan·sing* **Ella estaba bailando.**
were *wer*	We were children. *wi wer chil·dren* **Nosotros éramos niños.**
se emplea en: we you they	She was afraid. *shi was a·freid* **Ella estaba asustada.**

En negativo se emplea:

VERBO	INGLÉS Y *PRONUNCIACIÓN* Y ESPAÑOL
was+not = wasn't *was·ent* **no era** se emplea en: I he she it	I wasn't at home. *ai was·ent at jom* **No estaba en casa.**
were+not= weren't *wer·ent* **no eran** se emplea en: we you they	We weren't there yesterday. *wi wer·ent der yes·ter·dei* **No estuvimos allí ayer.**

En la pregunta se pone primero el "was" o el "were."

INGLÉS	PRONUNCIACIÓN	ESPAÑOL
Was I a good person?	*was ai a guud person*	**¿Fui yo una buena persona?**
Were you at his party?	*wer yu at jis par·ti*	**¿Estabas en la fiesta de el?**

En preguntas negativas:

INGLÉS	PRONUNCIACIÓN	ESPAÑOL
Wasn't she here?	*was·nt shi jir*	**¿No estaba ella aquí?**

En el Pasado simple, las oraciones se construyen para mostrar una acción que ocurría en el pasado con frecuencia. De la siguiente forma:

INGLÉS	PRONUNCIACIÓN	ESPAÑOL
Last year.	*last yir*	**El último año.**

Regulares = para conjugar verbos en pasado solo se les agrega (ed).

VERBO	INGLÉS Y *PRONUNCIACIÓN* Y ESPAÑOL
ask *ask* **preguntar**	She asked about you. *shi askd a·bout yu* **Ella preguntó por ti.**
arrive *araif* **llegar**	We arrived here yesterday. *wi a·raif·ed jir yes·ter·dei* **Llegamos aquí ayer.**
study *studi* **estudiar**	They studied music. *dei stu·did mu·sic* **Ellos estudiaron música.**

LAS INTERRUPCIONES EN EL INGLÉS USANDO WHEN Y BEFORE

Interruptions in English Using "When" and "Before"

(in·ter·rupt·shens in ing·lesh yus·ing wen end bi·for)

VERBO	INGLÉS Y *PRONUNCIACIÓN* Y ESPAÑOL
when *wen* **cuando**	They were playing when their parents cried. *dei wer plei·ing wen der par·ents kraid* **Ellos estaban jugando cuando sus padres gritaron.**
	I was eating when my girlfriend arrived. *ai was iit·ing wen mai girl·frend a·raifd* **Estaba comiendo cuando mi novia llegó.**
before *bifor* **antes**	You were dancing before they arrived. *yu wer dans·ing bi·for dei a·raif·ed* **Estabas bailando antes de que ellos llegaran.**
	I have to go before he arrives. *ai jaf tu go bi·for ji a·raifs* **Me tengo que ir antes que él llegue.**

LOS PRONOMBRES INDEFINIDOS

Indefinite Pronouns

(in·def·i·net pro·nauns)

Son empleados para referirse a personas u objetos de manera indirecta cuando lo específico no interesa al interlocutor. Es muy extenso este tema por lo cual te servirá de guía para que profundices más de manera didáctica.

PRONOMBRE INDEFINIDO	INGLÉS Y *PRONUNCIACIÓN* Y ESPAÑOL
everyone *ev·ri·uan* **todos/** **todo el mundo**	Everyone is eating. *ev·ri·uan is iit·ing* **Todo el mundo está comiendo.**
(significa prâcticamente igual a "everybody")	Everybody is working. *ev·ri·bo·di is werk·ing* **Todo el mundo está trabajando.**
no one *no uan* **nadie**	No one wants to eat tuna. *no uan wants tu iit tu·na* **Nadie quiere comer atún.**
(significa lo mismo que "nobody")	Nobody wants to eat tuna. *no·bo·di wants tu iit tu·na* **Nadie quiere comer atún.**

PRONOMBRE INDEFINIDO	INGLÉS Y PRONUNCIACIÓN Y ESPAÑOL
someone *sumuan* **alguien**	Someone wants to eat sausage. *sum·uan wants tu iit sas·edg* **Alguien quiere comer salchicha.**
(significan lo mismo que "somebody")	Somebody wants to eat sausage. *sum·bo·di wants tu iit sas·edg* **Alguien quiere comer salchicha.**
anyone *en·i·uan* **alguien al preguntar**	Is there anyone at the window? *is der en·i·uan at di win·do* **¿Hay alguien en la ventana?**
(significa lo mismo "anybody")	Is there anybody at the window? *is der en·i·bo·di at di win·do* **¿Hay alguien en la ventana?**
no one *nouan* **nadie**	No one is working. *no uan is werk·ing* **Nadie esta trabajando.**
(nadie se usa en oraciones negativas; significa lo mismo "nobody")	Nobody is working. *no·bo·di is werk·ing* **Nadie esta trabajando.**
everything *ev·ri·ding* **todo**	You ate everything. *yu eit ev·ri·ding* **Te comiste todo.**
nothing *no·ding* **nada**	Nothing is impossible. *no·ding is im·po·si·ble* **Nada es imposible.**
something *som·ding* **algo**	Say something. *sei som·ding* **Di algo.**

PRONOMBRE INDEFINIDO	INGLÉS Y PRONUNCIACIÓN Y ESPAÑOL
anything *en·i·ding* **algo de preguntar**	Can you buy anything for me? *kan yu bai en·i·ding for mi* **¿Puedes comprar algo para mí?**

LOS PRONOMBRES RELATIVOS

Relative Pronouns

(rel·i·tif pro·nauns)

Se emplean para dar información extra de algo incluso tiempo u hora.

PRONOMBRE RELATIVE	INGLÉS Y PRONUNCIACIÓN Y ESPAÑOL
who *ju* **quien**	The boy who is playing soccer will win the game. *di boi ju is plei·ing sa·ker wil win di geim* **El niño que está jugando futbol ganara el juego.**
whom *ju* **a quien/quien**	She is the singer whom they all admire. *shi is di sing·er jum dei ol ad·mair* **Ella es la cantante a quien todos ellos admiran.**

PRONOMBRE RELATIVE	INGLÉS Y PRONUNCIACIÓN Y ESPAÑOL
whose *jus* **de quien** (se emplea para indicar la posesión o cosa de una persona)	Whose car is this? *jus kar is dis* **¿De quién es este carro?**
which *wich* **el/lo/la que**	The bull which he rides is small and brown. *di bool wich hi raids is smol and braun* **El toro que ella monta es pequeño y café.**
when *wen* **cuando**	Yesterday was the day when my daughter sang for me. *yes·ter·dei was di dei wen mai da·ter sang for mi* **Ayer fue el día que mi hija cantó para mi.**
where *wher* **dónde**	The park where we are playing soccer is nice. *di park wher wi ar plei·ing sa·ker is nais* **El parque donde estamos jugando fútbol es bonito.**

EL USO DEL "WHOEVER," "WHEREVER," Y "WHATEVER"

The Use of "Whoever," "Wherever," and "Whatever"

(di yus of ju·ev·er wher·ev·er end wat·ev·er)

Ejemplos de su significado y uso.

PRONOMBRE	INGLÉS Y *PRONUNCIACIÓN* Y ESPAÑOL
whomever *juum·ev·er* **quien**	You can invite whomever you want to come to the party. *yu kan in·vait juum·ev·er yu want tu kom tu di par·ti* **Puedes invitar a la fiesta a quien sea que quiera venir.**
wherever *wher·ev·er* **lo que sea**	Wherever you go, I will go. *wher·ev·er yu go ai wil go* **Puedes invitar a la fiesta a quien sea que quiera venir.**
	Call me wherever you are. *kal mi wher·ev·er yu ar* **Llámame donde quiera que estés.**
	Wherever you are, be happy. *wher·ev·er yu ar, bi jap·pi* **Donde quiera que estés sé feliz.**

PRONOMBRE	*PRONUNCIACIÓN* Y ESPAÑOL
whatever *wat·ev·er* **lo que sea**	Tell me about whatever. *tel mi about wat·ev·er* **Háblame de lo que sea.**
	Eat whatever you want. *iit wat·ev·er yu want* **Come lo que sea.**

EJEMPLOS CON "EITHER" Y "NEITHER"

Examples with "Either" and "Neither"

(eks·amp·els wit ai·der end nai·der)

PRONOMBRE	INGLÉS Y *PRONUNCIACIÓN* Y ESPAÑOL
either *ii·der* **tampoco**	I do not have any money either. *ai du nat jaf an·i mon·i ii·der* **Yo tampoco tengo dinero.**
(se emplea en situaciones afirmativas)	I have not been there either. *ai jaf nat biin der ii·der* **Yo tampoco he estado allí.**

PRONOMBRE	INGLÉS Y *PRONUNCIACIÓN* Y ESPAÑOL
neither *nii·der* **ni/tampoco**	Neither cheap nor nice. *nii·der chip nor nais* **Ni barato ni bonito.**
(se usa negativamente)	Did you hear that song? No, neither did I. *did yu hiir dat song; no, nii·der did ai* **¿Escuchaste esa canción? No, yo tampoco.**

CONECTORES MÁS USADOS

Most Used Connectors

(most yusd ko·nek·tors)

CONECTOR	INGLÉS Y *PRONUNCIACIÓN* Y ESPAÑOL
because *bikos* **porque** (en respuesta)	I did not eat the apples because they were so rotten. *ai did nat iit di ap·pels bi·kos dei wer so rat·ten* **Yo no me comí las manzanas porque estaban muy podridas.**

CONECTOR	INGLÉS Y PRONUNCIACIÓN Y ESPAÑOL
although *aldo* **aunque**	Although he is very old, he has a strong mind. *aldo ji is ver·i old ji jas a strong maind* **Aunque él es muy viejo, él tiene una mente fuerte.**
though *do* **aunque**	Her brother gave her a parrot, though she doesn´t like them. *jer bro·der geif jer a par·ret, do shi dos·ent laik dem* **Su hermano le dio a ella un loro, aunque a ella no le gustan.**
even though *iven do* **a pesar de**	She is very thin even though she eats a lot of food. *shi is ver·i din i·ven do shi iits a lat of food* **Ella está muy delgada aunque come un montón de comida.**
despite *dispait* **a pesar** (seguido por un sustantivo, una acción en ing, o cualquier artículo)	Despite the fact, I eat no fat. *dis·pait di fakt ai iit no fat* **A pesar de que como no engordé.**

TODAS LAS FRASES MÁS USADAS EN ESTADOS UNIDOS DEL DÍA A DÍA

All of the Most Used Phrases in the United States from Day to Day

(al of di most yusd frei·ses in di u·nait·ed stats from dei tu dei)

Con estas frases obtendrás la habilidad de aprender inglés ya que son las frases más usadas en la vida real. Es la base para obtener la habilidad de la fluidez en un tiempo récord.

INGLÉS	PRONUNCIACIÓN	ESPAÑOL
Are they brothers?	*ar dei bro·ders*	**¿Ellos son hermanos?**
Are they busy right now?	*ar dei bi·si rait nau*	**¿Ellos están ocupados ahora mismo?**
Are you allergic to something?	*ar yu a·ler·gik to sum·ding*	**¿Eres alérgico a algo?**
Are you hungry?	*ar yu jan·gri*	**¿Tienes hambre?**
Are you married?	*ar yu mer·rid*	**¿Estás casado?**
Are you ready to eat?	*ar yu re·di tu iit*	**¿Estás listo para comer?**
Are you willing to relocate?	*ar yu wil·ling tu ri·lo·keit*	**¿Estás dispuesto a mudarte?**

INGLÉS	PRONUNCIACIÓN	ESPAÑOL
Be careful with the cat; it can bite you.	*bi ker·ful wit di kat it kan bait yu*	**Ten cuidado con el gato; que te puede morder.**
Brush your teeth first.	*brush your tiid first*	**Lávate tus dientes primero.**
Can you come to my house tomorrow?	*kan yu kom tu mai jaus tu·mor·ro*	**¿Puedes venir a mi casa mañana?**
Can you fill a water bucket now?	*kan yu fiil a wa·ter buk·et nau*	**¿Puedes llenar una cubeta de agua ahora?**
Can you make me a cup of coffee?	*kan yu meik mi a cup of cof·fi*	**¿Puedes hacerme una taza de café?**
Can you tell me the time?	*kan yu tel me di taim*	**¿Puedes decirme la hora?**
Did she hear what happened yesterday?	*did shi jeer wat jap·pend yes·ter·dei*	**¿Escuchó ella lo que pasó ayer?**
Did you know?	*did yu no*	**¿Sabes que?**
Do they like Chinese food?	*du dei laik chai·niis fuud*	**¿Les gusta a ellos la comida china?**
Do you feel sick?	*du yu fiil sik*	**¿Te sientes enfermo?**
Do you have a plunger?	*du yu jaf a plan·ger*	**¿Tienes un destapacaños?**
Do you like your new job?	*du yu laik your niu jab*	**¿Te gusta tu nuevo trabajo?**
Do you mind if she sits?	*du yu maind if shi sits*	**¿Te importa si ella se sienta?**
Do you need help?	*du yu niid jelp*	**¿Necesitas ayuda?**
Do you speak Spanish?	*du yi spik span·ish*	**¿Hablas español?**
Do you want me to bring my son?	*du yu want mi tu bring mai son*	**¿Quieres que traiga a mi hijo?**

INGLÉS	PRONUNCIACIÓN	ESPAÑOL
Does he have a girlfriend?	dos ji jaf a gerl·frend	¿Tiene novia?
Does she have a driver's license?	dos shi jaf a drai·vers lai·sens	¿Tiene ella licencia de conducir?
Does she have time to talk?	dos shi jaf taim tu talk	¿Tiene ella tiempo para hablar?
Does she play any sports?	dos shi plei en·i sports	¿Práctica ella algún deporte?
Does that taste good?	dos dat teist guud	¿Eso sabe bien?
Do not be discouraged.	du nat bi dis·kor·egd	No te desanimes.
Do not compare her to him.	du nat kom·per jer tu jim	No la compares con él.
Do not do that; you will hurt yourself.	du nat du dat yu wil hert yur·self	No hagas eso te vas a lastimar.
Do not enter; I am naked.	du nat en·ter ai am nei·ked	No entres estoy desnudo.
Do not let it go.	du nat let it go	No lo dejes ir.
Do not throw soap powder inside the toilet.	du nat tro sop pau·der in·said di toi·let	No arrojes jabón en polvo dentro del inodoro.
Do not touch that.	du nat toch dat	No toques eso.
Do not waste too much bar soap.	du nat weist tu mach bar sop	No gastes mucho jabón para bañarse.
Do not worry about me.	du nat wor·ri a·baut mi	No te preocupes por mí.
Do not be speeding, please.	du nat bi spiid·ing plis	No manejes rápido, por favor.
Eat all your food.	iit al of your fuud	Comete toda tu comida.
Get out of bed, Omar.	get aut of bed, Omar	Ya levantate de la cama, Omar.

INGLÉS	PRONUNCIACIÓN	ESPAÑOL
Get out of here; I do not want to see you.	get aut of jer ai du nat want tu sii yu	Vete de aquí; no quiero mirarte.
Give him a hand.	gif jim a jand	Échale una mano.
Go get me some coffee.	go get som cof·fi	Ve tráeme algo de café.
Go to your room; you are grounded.	go tu your ruum yu ar graun·did	Vayanse a su cuarto; están castigados.
Guess what? I found my red hat.	gues wat ai faund ai faund mai red jat	¿Adivina qué? Encontré mi sombrero rojo.
Has your mom already arrived?	jas your mom al·red·i a·raifd	¿Ya llegó tu mamá?
Have you fed the cat?	jaf yu fed di kat	¿Alimentaste al gato?
Have you known each other long?	jaf yu non iich o·der long	¿Se conocen desde hace mucho tiempo?
Have you seen my purse?	jaf iu siin mai purs	¿Haz visto mi bolso?
Have you tasted this juice before?	jaf yiu teist·id dis juz bi·for	¿Has probado este jugo antes?
He fainted.	ji fein·tid	Él se desmayó.
He should have arrived yesterday.	ji shud jaf a·raifd yes·ter·dei	Él tuvo que haber llegado ayer.
He was wounded with a gun.	ji was woun·did with a gan	El fue herido por una pistola.
He is escaping from the jail.	ji is es·kei·ping from di yeil	Él está escapando de la cárcel.
Her husband cheated on her with another.	jer jus·band chit·id on jer with a·no·der	Su esposo la engaña con otro.
Hey, watch out. Be careful.	jei, wuach aut	Hey, fijate. Ten cuidado.
How do I look?	jao du ai luuk	¿Cómo me veo?
How do you feel?	jao du yu fiil	¿Cómo te sientes?

INGLÉS	PRONUNCIACIÓN	ESPAÑOL
How does my cap look?	jao das mai cap luuk	¿Cómo se mira mi gorra?
How is he?	jao is ji	¿Cómo es él?
How long have they been living here?	jao long haf dei biin liv·ing hiir	¿Cuánto tiempo han vivido ellos aquí?
How long have they been studying English?	jao long haf dei biin stu·di·ing ing·lish	¿Cuánto tiempo han estado estudiando inglés?
How long have you been waiting here?	jau long jaf iu been weit·ing hiir	¿Cuánto tiempo has estado esperando aquí?
How many rooms does your house have?	jao men·i ruums daas yur jaus jaf	¿Cuántas habitaciones tiene tu casa?
How much are you going to charge me for fixing my bedroom?	jao mach ar yiu go·ing tu charch mi for fiks·ing mai bed·ruum	¿Cuánto me vas a cobrar por arreglar mi cuarto de baño?
How much do I owe them?	jao mach du i ou dem	¿Cuánto le debo a ellos?
How much does she earn a week?	jao mach das shi earn a wiik	¿Cuánto gana ella a la semana?
How much is it?	jao mach is it	¿Cuánto es?
How much is this?	jao mach is dis	¿Cuánto cuesta esto?
How much toilet paper do you need?	jao mach toi·let pei·per du you niid	¿Cuánto papel sanitario necesitas?
How often do you drink alcohol?	jao of·en do yu drink al·co·jol	¿Qué tan a menudo toman alcohol?
How old is he?	jao old is ji	¿Cuántos años tiene él?
How was the meeting last night?	jao was de miit·ing last nait	¿Cómo estuvo la reunión anoche?

INGLÉS	PRONUNCIACIÓN	ESPAÑOL
I am going to tickle you.	*ai am go·ing tu tik·le yu*	**Voy a hacerte cosquillas.**
I am losing a lot of weight.	*ai am luus·ing a lot of weit*	**Estoy adelgazando mucho.**
I am not hungry, yet.	*ai am not hang·ri yet*	**No tengo hambre todavía.**
I bathe 7 times a week.	*ai beith sev·en taims a wiik*	**Me bano 7 veces a la semana.**
I called the plumber to unclog the toilet.	*ai kald di plum·mer tu an·clog di toi·let*	**Llame al plomero para destapar el baño.**
I can't listen to you, Melissa. What did you say?	*ai cant list·en tu yu melissa wat did yu sei*	**Yo no puedo escucharte, Melissa. ¿Qué dijiste?**
I couldn't have said it better myself.	*ai cud·ent haf sed it bet·ter mai·self*	**Ni yo lo podría haber dicho mejor.**
I crave honey.	*ai crav ha·ni*	**Se me antoja la miel.**
I didn't do anything.	*ai did·nt du en·i·ding*	**Yo no hice nada.**
I do not feel like doing anything.	*ai du nat fiil laik du·ing en·i·ting*	**No tengo ganas de hacer nada.**
I do not fit in my shoes.	*ai du nat fit in mai shuus*	**No me quedan mis zapatos.**
I do not have money to pay the water bill.	*ai du nat jaf mon·i tu pei di wat·er bil*	**No tengo dinero para pagar el agua.**
I do not have much time to study Spanish.	*ai du nat jaf much taim tu stu·di span·ish*	**No tengo mucho tiempo para estudiar español.**
I do not like Jose because I do not know what to talk to him about.	*ai du nat laik jose bi·cos ai du nat nou what tu tok tu jim a·baut*	**No me cae bien Jose porque no se que platicar con él.**

INGLÉS	PRONUNCIACIÓN	ESPAÑOL
I do not want to go to school tomorrow.	*ai du nat guant tu gou tu skuul tu·mor·row*	**No quiero ir mañana a la escuela.**
I do not want to hear any excuse about that.	*ai du nat want tu jier en·i eks·kus a·baut dad*	**Yo no quiero escuchar ningún pretexto sobre eso.**
I do not want to sweep.	*ai du nat want tu suiip*	**No quiero barrer.**
I dropped the baby off at the house.	*ai droppd di bei·bi off at di jaus*	**Deje al bebe en la casa.**
I forgot to put lotion on this morning.	*ai for·got tu put lo·shion en dis morning*	**Olvidé ponerme loción esta mañana.**
I guess there is only one way to find out.	*ai ges der is on·li aun wei tu faind aut*	**Solo hay una manera de averiguarlo.**
I have 20 minutes to finish watching the movie.	*ai jaf tuen·ti min·ets tu fin·ish wach·ing da muu·vi*	**Me faltan veinte minutos para terminar de ver la película.**
I have a gun.	*ai hav a gan*	**Tengo un arma.**
I have dental floss.	*ai jaf den·tal floss*	**Tengo hilo dental.**
I have hemorroids.	*ai jaf jemor·roids*	**Tengo hemorroides.**
I have hiccups.	*ai jaf jic·cops*	**Tengo hipo.**
I have many cavities.	*ai jaf men·i cav·i·tis*	**Tengo muchas caries.**
I have many stretch marks.	*ai jaf men·i stretch marks*	**Tengo muchas estrías.**
I have to go to the bathroom.	*ai haf tu gou tu di bat·room*	**Tengo que ir al baño.**
I just ate pizza.	*ai jost eit piz·za*	**Acabo de comer pizza.**
I learned it in the United States.	*ai learned it en di united states*	**Lo aprendí en Estados Unidos.**
I missed the interview?	*ai misst di in·ter·viu*	**¿Yo perdí la entrevista**

INGLÉS	PRONUNCIACIÓN	ESPAÑOL
I missed you so much.	*ai missd yu so mach*	**Te extraño mucho.**
I need a bag.	*ai need a bag*	**Necesito una bolsa.**
I need to charge my phone.	*ai need tu charch mai fon*	**Necesito cargar mi celular.**
I never thought you would cheat me.	*ai nev·er tot yu wud chit me*	**Nunca pensé que me engañaría.**
I want to get out of here, Susan.	*ai want tu get aut of jiir susan*	**Me quiero ir de aquí, Susan.**
I was laughing.	*ai was laf·fing*	**Estaba carcajeando.**
I was thinking the same thing.	*ai was think·ing di seim ding*	**Estaba pensando la misma cosa.**
I will reward you very well with money.	*ai wuil ri·wuard yu ver·i wel wit man·i*	**Te recompensare muy bien con dinero.**
I will see what I can do for your mother.	*ai wiil sii guat ai can du for yur mo·der*	**Veré que puedo hacer por tu mamá.**
I will be done in a minute.	*ai wil bi don in a min·et*	**Me estaré yendo en un minuto.**
I will go get the food.	*ai wil go get da fuud*	**Voy a traer la comida.**
I will keep this in mind.	*ai wil kiip this in maind*	**Tendré esto en mente.**
I will try my best on this test.	*ai wil trai mai best on dis test*	**Voy a hacer todo lo posible en este examen.**
I am going to dial my phone.	*ai am going tu dail mai fon*	**Voy a marcar mi teléfono.**
I am going to pee.	*ai am going tu pii*	**Voy a orinar.**
I am listening to music.	*ai am list·en·ing tu mius·ic*	**Estoy escuchando música.**
I am on my way.	*ai am on may wei jom*	**Voy en camino.**
I am playing hide and seek.	*ai am plei·ing jaid and siik*	**Estoy jugando a las escondidas.**

INGLÉS	PRONUNCIACIÓN	ESPAÑOL
I am pumping gas.	ai am pump·ing gas	Estoy hechando gasolina.
I am putting air in my tire.	ai am put·ting er in may tair	Estoy poniendo echándole aire a mi llanta.
I am sorry for the way I behaved yesterday.	ai am sor·ri for de wei ai bi·jeifd	Disculpame por la forma que me comparte ayer
I am trying on new shoes.	ai am trai·ing on niu shus	Me estoy probando nuevos zapatos.
I am willing to look beyond this the matter.	ai am wil·ling to luuk bi·yond de mad·der	Estoy dispuesto a mirar más allá de este asunto.
I would like to be an eagle and be able to fly.	ai wud laik tu be an i·gol and bi a·bol tu flai	Me gustaría ser un águila y poder volar.
I am divorced.	ai am di·vorsd	Estoy divorciado.
I am going to sleep.	ai am go·ing tu sliip	Voy a dormir.
I am happy for you.	ai am jap·pi for yu	Me siento feliz por ti.
I am just dating someone.	ai am jost deit·ing som·uan	Solo estoy saliendo con alguien.
I am sleepy.	ai am sliip·i	Tengo sueño.
Is someone sitting here?	is som·uan sit·ting jiir	¿Está alguien sentado aquí?
Is the food ready?	is de fuud red·i	¿Está la comida lista?
Is there any way she can come here?	is der ani·wei shi can com jir	¿Hay alguna manera de que ella pueda venir a ayudarme aqui?
It has been a misunderstanding.	it jas biin a mis·un·der·stand·ing	Ha habido un malentendido.
It has been a long day.	it jas biin a long dei	Ha sido un largo día.

INGLÉS	PRONUNCIACIÓN	ESPAÑOL
It is her fault.	*it is her falt*	**La culpa es de ella.**
Just remember, there	*just ri·mem·ber der ar*	**Solo recuerda,**
are always	*ol·weis con·se·cuen·ses for*	**siempre hay**
consequences for	*yur ak·shens*	**consecuencias a tus**
your actions.		**acciones.**
Leave us alone.	*liif us a·lon*	**Déjanos en paz.**
Let us go get a new	*let us go get a niu wuan*	**Vamos a conseguir**
one now.	*nao*	**uno nuevo ahora.**
Let us get this over	*let us get dis over with rait*	**Terminemos con esto**
with right now.	*nao*	**ahora mismo.**
Listen to your mom.	*lis·en tu your man*	**Hazle caso a tu**
		mama.
Long time, no see.	*long taim no sii*	**Cuánto tiempo sin**
		verte.
Love is blind.	*lof is blaind*	**El amor es ciego.**
May I ask you a favor?	*mei ai ask yu a fei·vor*	**¿Puedo pedirte un**
		favor?
May I park my car	*mei ai park mai car car*	**¿Puedo estacionar mi**
over there?	*ou·ver ther*	**carro ahí?**
Mind your own	*maind yur on bis·ness*	**No te metas en mis**
business.		**asuntos.**
Mom, I didn't even	*mam ai did·ent iv·en sei*	**Mamá, ni siquiera**
say that.	*dad*	**dije eso.**
My car has a flat tire.	*mai car has a flat tai·er*	**Mi carro tiene una**
		llanta ponchada.
My daughter is	*mai dot·er is wosh·ing di*	**Mi hija está lavando**
washing the laundry	*loun·dri in the wosh·ing*	**la ropa sucia en la**
in the washing	*mach·ine*	**lavadora.**
machine.		
My husband	*mai jus·band an·clogd di*	**Mi esposo destapó el**
unclogged the toilet.	*toi·let*	**baño.**
My knee hurts.	*mai nee herts*	**Me duele la rodilla.**

INGLÉS	PRONUNCIACIÓN	ESPAÑOL
My mom is changing the baby's diaper.	mai mom is sheng·ing da bei·bis diaper	Mi mamá está cambiando el pañal al bebe.
My son is having tantrums.	mai son is hav·ing tan·trums	Mi hijo está haciendo berrinches.
My toilet is clogged.	mai toi·let is cloggd	Mi baño está tapado.
My uncle is rude.	mai an·kol is ruud	Mi tío es grosero.
My uncle was surprised when I told him about my aunt.	mai an·kol was sur·praisd wen ai told jim a·baut mai ant	Mi tío se sorprendió cuando le conté sobre lo de mi tía.
None that I know.	non dad ai nou	Ninguno que yo sepa.
Nothing lasts forever.	na·thing lasts for·ev·er	No hay mal que dure 100 años.
On the other hand.	on di o·der jand	Primera parte.
Pass me the milk, please.	pass mi de milk pliis	Pásame la leche, por favor.
Pick up that shirt from the floor.	pik ap di shirt from di floor	Levanta esa camiseta del piso.
Please, do not talk to strangers.	plis, du nat tolk tu strein·gers	Por favor, no hables con extraños.
Practice makes perfect.	practice meiks per·fect	La práctica hace al maestro.
Put on a scarf because it is cold outside.	put on a scarf bi·cos it is kold out·said	Ponte la bufanda porque está frío afuera.
Right there is fine.	rait der is fain	Ahí esta bien.
Set it down, please.	set it daun, plis	Puedes ponerlo abajo, por favor.
Shave your legs.	sheib yur legs	Agita tus piernas.
She didn't see the news.	shi did·ent sii da nius	Ella no vio las noticias.

INGLÉS	PRONUNCIACIÓN	ESPAÑOL
She doesn't know yet.	*shi dos·ent nou yet*	Ella no lo sabe todavía.
She slipped and fell.	*shi slippd and fell*	Ella se resbaló y cayó.
She won't tell me what is wrong with her.	*shi wont tel mi wat is rong wit her*	Ella no me dice que está mal.
She is hanging clothes.	*shi is jang·ing cloths*	Ella está colgando ropa.
She is my co-worker.	*shi is mai co·work·er*	Ella es mi compañera de trabajo.
She is taking off her socks.	*shi is teik·ing jer socks*	Ella se está quitando sus calcetines.
Should I call him?	*shuld ai cal jer*	¿Debo llamarlo?
So what next, Paul?	*sou wat next paul*	¿Así que es lo que sigue, Paul?
Someone is knocking on the window.	*som·uan is nok·ing on da guin·dow*	Hay alguien tocando en la ventana.
Step aside, Mark.	*step a·said mark*	Hazte a un lado mark.
Take a course.	*teik a cours*	Tome un curso.
Take a look at this.	*teik a luuk at dis*	Mira esto.
Take the cat outside.	*teik di cat aut·said*	Saca el gato afuera.
Thank you for everything you did for me yesterday.	*thenk·yu for ev·ri·ding yu did for mi yes·ter·dei*	Gracias por todo lo que hiciste por mi ayer.
That broke my heart last year.	*dat brok mai jart last yiir*	Eso rompió mi corazón el año pasado.
That doesn't sound good.	*dat does·nt saund guud*	Eso no suena bien.
That was heavy.	*dat was jevy*	Estuvo pesado eso.
The pipe is busted in my kitchen	*di paip is bust·id in mai kitch·en*	El tubo está roto en mi cocina.

INGLÉS	PRONUNCIACIÓN	ESPAÑOL
There is no telling.	*der is no tel·ling*	Quien sabe.
There is no way out.	*der is nou wei aut*	No hay salida.
There is water everywhere, Juan.	*der is wat·er ev·ri·wer juan*	Hay agua por todos lados, Juan.
They need a lot of practice.	*dei niid a lot of prac·tice*	A ellos les falta mucha práctica.
They need to clean that place up a bit.	*dei niid tu cliin dad pleis ap a bit*	Ellos necesitan limpiar ese lugar un poco.
This is a good deal, man.	*dis is a guud diil man*	Esto es un buen trato hombre.
This food is good.	*dis fud is gud*	Está comida está buena.
This is a rip-off.	*dis is a rip·off*	Ésto es una estafa.
Today has been one of the busiest days ever.	*tu·dei jas biin uan of di bis·i·ist deis ev·er*	Hoy ha sido uno de los días más ocupados.
Walk towards me.	*wok towards mi*	Camina hacia mi.
We have to reschedule your appointments.	*wi jaf tu ri·skedul yur a·point·ments*	Tenemos que reprogramar tus citas.
We will be in touch.	*wi wil bi in touch*	Estaremos en contacto.
Welcome, make yourself at home.	*wuel·kom mek yur·self at jome*	Bienvenido, siéntete como en tu casa.
What are you going to do?	*wat ar yu go·ing tu du*	¿Qué vas a hacer?
What are you afraid of?	*wat ar yu a·fraid of*	¿A qué le tienes miedo?
What are you doing inside the bathroom with your friend?	*wat ar yu du·ing in·said di bat·ruum with iur frend*	¿Qué estás haciendo dentro del baño con tu amigo?

INGLÉS	PRONUNCIACIÓN	ESPAÑOL
What are you doing?	wat ar yu du·ing	¿Qué estás haciendo?
What are you going to draw?	what are you go·ing to draw	¿Qué vas a dibujar?
What are you talking about?	wat ar yu tok·ing about	¿De qué estás hablando?
What did she say about me?	what did shi sei a·baut mi	¿Qué dijo ella sobre mí?
What did you get?	wat did yu get	¿Qué conseguiste?
What do you do?	wat du yu du	¿En qué trabajas?
What do you have in mind?	wat du yu haf in maind	¿Qué tienes en mente?
What do you think about your girlfriend?	wat du yu tink a·baut yur gerl·frend	¿Qué piensas de tu novia?
What does this mean?	wat das dis miin	¿Qué significa esto?
What happened to your arm?	wat hap·pend to yur arm	¿Qué le pasó a tu brazo?
What is for dinner?	wat is for din·ner	¿Qué hay para cenar?
What is the date? It's June 1st.	wat is de dait its yun first	¿Qué fecha es hoy? Es 1 de junio.
What is the weather like?	wat is di weth·er laik	¿Cómo está el clima?
What is your address now?	wat is yur ad·dres naw	¿Cuál es tú dirección ahora?
What seems to be the problem with that?	wat siims to bi de prob·lem wuith dad	¿Cuál parece ser el problema con eso?
What size shoes do you wear?	wat sais shuss do yu wueer	¿Qué talla de zapatos calza?
What time did you wake up?	at wat taim did yu weik ap	¿A qué hora te levantaste?
What time do you leave for lunch?	wat taime du yu lif dor lanch	¿A qué hora sales a almorzar?

INGLÉS	PRONUNCIACIÓN	ESPAÑOL
What time does she open the store?	wat taim dos shi o·pin di stor	¿A qué hora abre la tienda?
What time is it?	wat taim is it	¿Qué hora es?
What time will you be here?	wat taim wil yu be jir	¿A qué hora estarás aquí?
What's the deal with this weather, Omar?	wats de dil with dis weth·er omar	¿Qué onda con el clima Omar?
Why didn't they call me?	wai did·ent dei kol mi	¿Por qué ellos no me llamaron?
When will you get there?	wen wil yu get der	¿Cuándo va a llegar allí?
Where are you?	were ar yu	¿Dónde estás?
Where is that black bus going?	were is dad blak bus go·ing	¿A dónde va ese autobus negro?
Where is the nearest hospital?	wher is de nir·est hos·pi·tal	¿Dónde está el hospital más cercano?
Who ate my banana?	ju eit my ba·nan·a	¿Quién se comió mi plátano?
Whom do they live with?	juum do dei liv wuit	¿Con quién viven ellos?
Who entered the kitchen?	ju en·terd di kitch·en	¿Quién entró a la cocina?
Who is she to you?	ju wat is shi tu yu	¿Qué es tuyo ella?
Who is that?	ju is dad	¿Quién es ese?
Who is the best boxer?	ju is de best baks·er	¿Quién es el mejor boxeador?
Who is the governor in your city?	ju is da gav·er·ner in yur ci·ti	¿Cuál es el gobernador de tu ciudad?
Who would have thought?	ju wud haf taut	¿Quién se lo hubiera pensado?

INGLÉS	PRONUNCIACIÓN	ESPAÑOL
Why are they always getting into trouble?	*wai ar dei ol·weis get·ting in·to trou·ble*	¿Por qué ellos siempre están metiendo en problemas?
Why are you always fighting with him?	*wai ar yu ol·weis fait·ing wit jim*	¿Por qué estás siempre peleando con él?
Why are you in a bad mood?	*wai ar yu in a bad muud*	¿Por qué estás de mal humor?
Why do they always blame me?	*wai du dei ol·weis bleim mi*	¿Por qué ellos siempre me culpan?
Why do we always do the same?	*wai du dei ol·weis du di seim*	¿Por qué nosotros hacemos lo mismo?
Why do you always make excuses for that?	*wai du yu ol·weis meik eks·cu·sis for dad*	¿Por qué pones siempre excusas para eso?
Why do you keep saying that?	*wai du yu kiip sey·ing dad*	¿Por qué sigues diciendo eso?
Why do you want to learn English?	*wai du yu want tu lern ing·lish*	¿Por qué quieres aprender inglés?
Why don't you fix the kitchen?	*wai dont yu fix di kitch·en*	¿Por qué no arreglas la cocina?
Why don't you go with your mom?	*wai dont yu gou with yur mam*	¿Por qué no vas con tu mama?
Why don't you like her?	*wai dont yu like her*	¿Por qué no te cae bien ella?
Why don't you wash the glasses?	*wai dont you wash da glas·ses*	¿Por qué no lavas los vasos?
Why don't we cook something?	*wai dont wi cook sam·thing*	¿Por qué no cocinamos algo?

INGLÉS	PRONUNCIACIÓN	ESPAÑOL
Why don't you put the shirts on the bed?	*wai dont yu put de cloths on di bed*	¿Por qué no pones las camisetas sobre la cama?
Would you like another cup of coffee?	*wud yu like a·no·der cup of cof·fi*	¿Le gustaría otra taza de café?
Would you like to come with her now?	*wud iu laik to com wuit jer nao*	¿Te gustaría venir con ella ahora?
You are what you eat.	*yu ar wat yu iit*	Eres lo que comes.
You get tired so fast.	*yu get taired so fast*	Te cansas tan rápido.
You keep saying that about the boy.	*yu kiip sey·ing dad a·baut di boy*	Sigues diciendo eso sobre el chico.
You should be eating more food.	*yu shud bi iit·ing mor fuud*	Deberías comer más comida.
You should get some sleep.	*yu shud get som sliip*	Deberías dormir algo.
You took the words right out of my mouth.	*yu tuuk da words rait aut of mai mauth*	Me sacaste las palabras de mi boca.
You won't get away with this.	*yu wont get a·wei wit dis*	No te saldrás con la tuya.
You are going to want to see this, Sam.	*yu ar go·ing tu want tu sii dis sam*	Vas a querer a venir a ver esto, Sam.
You are not my mother.	*yu ar not mai mo·der*	Tú no eres mi madre.
You are spoiling your cat a lot.	*yu ar spoil·ing yur cat a lot*	Estás mimando mucho a tu gato.
Your bath towel stinks.	*yur bath towel stinks*	Tu toalla de baño apesta.
Your son is a gossiper.	*yur son is a gos·sip·er*	Tu hijo es un chismoso.

Made in United States
Troutdale, OR
11/01/2023

14213643R00070